Jo M. Sekimonyo

CONGO: MON PAYS

Anthologie des écrits et idées économiques de Jo M. Sekimonyo sur la RDC

L'instinct du crapaud

Discours de Patrice Lumumba, premier ministre et ministre de la Défense nationale de la République du Congo, prononcé lors de la cérémonie de l'Indépendance à Léopoldville le 30 juin 1960.

Congolais et Congolaises,

Combattants de l'indépendance aujourd'hui victorieux,

je vous salue au nom du gouvernement congolais.

A vous tous, mes amis qui avez lutté sans relâche à nos côtés, je vous demande de faire de ce trente juin 1960 une date illustre que vous garderez ineffaçablement gravée dans vos cœurs, une date dont vous enseignerez avec fierté la signification à vos enfants, pour que ceux-ci à leur tour fassent connaître à leurs fils et à leurs petits-fils l'histoire glorieuse de notre lutte pour la liberté.

Car cette indépendance du Congo, si elle est proclamée aujourd'hui dans l'entente avec la Belgique, pays ami avec qui nous traitons d'égal à égal, nul Congolais digne de ce nom ne pourra jamais oublier cependant que c'est par la lutte qu'elle a été conquise, une lutte de tous les jours, une lutte ardente et idéaliste, une lutte dans laquelle nous n'avons ménagé ni nos forces, ni nos privations, ni nos souffrances, ni notre sang.

Cette lutte, qui fut de larmes, de feu et sang, nous en sommes fiers jusqu'au plus profond de nous-mêmes, car ce fut une lutte noble et juste, une lutte indispensable pour mettre fin a l'humiliant esclavage qui nous était imposé par la force.

Ce fut notre sort en 80 ans de régime colonialiste ; nos blessures sont trop fraîches et trop douloureuses encore pour que nous puissions les chasser de notre mémoire, car nous avons connu le travail harassant exigé en échange de salaires qui ne nous permettaient ni de manger à notre faim, ni de nous vêtir ou nous loger décemment, ni d'élever nos enfants comme des êtres chers.

Nous avons connu les ironies, les insultes, les coups que nous devions subir matin, midi et soir, parce que nous étions des " nègres ". Qui oubliera qu'à un NOIR on disait " tu " non certes comme à un ami mais parce que le " vous " honorable était réserve aux seuls blancs ?

Nous avons connu que nos terres furent spoliées au nom de textes prétendument légaux qui ne faisaient que reconnaître le droit du plus fort.

Nous avons connu que la loi n'était jamais la même selon qu'il s'agissait d'un blanc ou d'un noir : accommodante pour les uns, cruelle et inhumaine pour les autres.

Nous avons connu les souffrances atroces des relégués pour opinions politiques ou croyances religieuses ; exilés dans leur propre patrie, leur sort était vraiment pire que la mort même.

Nous avons connu qu'il y avait dans les villes des maisons magnifiques pour les blancs et des paillotes croulantes pour les noirs, qu'un noir n'était admis ni dans les cinémas, ni dans les restaurants, ni dans les magasins dits " européens " ; qu'un noir voyageait à même la coque des péniches, aux pieds du blanc dans sa cabine de luxe.

Qui oubliera enfin les fusillades ou périrent tant de nos frères, les cachots ou furent brutalement jetés ceux qui ne voulaient plus se soumettre au régime d'une justice d'oppression et d'exploitation.

Tout cela, mes frères, nous en avons profondément souffert.

Mais tout cela aussi, nous que le vote de vos représentants élus agrée pour diriger notre cher pays, nous qui avons souffert dans notre corps et dans notre cœur l'oppression colonialiste, nous vous le disons tout haut, tout cela est désormais fini.

La République du Congo a été proclamée et notre cher pays est maintenant entre les mains de ses propres enfants.

Ensemble, mes frères, mes sœurs, nous allons commencer une nouvelle lutte, une lutte sublime qui va mener notre pays à la paix, à la prospérité et à la grandeur.

Nous allons établir ensemble la justice sociale et assurer que chacun reçoive la juste rémunération de son travail.

Nous allons montrer au monde ce que peut faire l'homme noir quand il travaille dans la liberté, et nous allons faire du Congo le centre de rayonnement de l 'Afrique tout entière.

Nous allons veiller à ce que les terres de notre patrie profitent véritablement à ses enfants.

Nous allons revoir toutes les lois d'autrefois et en faire de nouvelles qui seront justes et nobles.

Nous allons mettre fin à l'oppression de la pensée libre et faire en sorte que tous les citoyens jouissent pleinement des libertés fondamentales prévues dans la déclaration des Droits de l'Homme.

Nous allons supprimer efficacement toute discrimination quelque qu'elle soit et donner à chacun la juste place que lui vaudra sa dignité humaine, son travail et son dévouement au pays.

Nous allons faire régner non pas la paix des fusils et des baïonnettes, mais la paix des cœurs et des bonnes volontés.

Et pour tout cela, chers compatriotes, soyez surs que nous pourrons compter non seulement sur nos forces énormes et nos richesses immenses, mais sur l'assistance de nombreux pays étrangers dont nous accepterons la collaboration chaque fois qu'elle sera loyale et ne cherchera pas à nous imposer une politique quelle qu'elle soit.

Dans ce domaine, la Belgique même qui, comprenant enfin le sens de l'histoire, n'a plus essayé de s'opposer à notre indépendance, est prête à nous accorder son aide et son amitié, et un traité vient d'être signé dans ce sens entre nos deux pays égaux et indépendants. Cette coopération, j'en suis sûr, sera profitable aux deux pays. De notre côté, tout en restant vigilants, nous saurons respecter les engagements librement consentis.

Ainsi, tant à l'intérieur qu'à l'extérieur, le Congo nouveau que mon gouvernement va créer sera un pays riche, libre et prospère. Mais pour que nous arrivions sans retard à ce but, vous tous, législateurs et citoyens congolais, je vous demande de m'aider de toutes vos forces.

Je vous demande à tous d'oublier les querelles tribales qui nous épuisent et risquent de nous faire mépriser à l'étranger.

Je demande à la minorité parlementaire d'aider mon gouvernement par une opposition constructive et de rester strictement dans les voies légales et démocratiques.

Je vous demande à tous de ne reculer devant aucun sacrifice pour assurer la réussite de notre grandiose entreprise.

Je vous demande enfin de respecter inconditionnellement la vie et les biens de vos concitoyens et des étrangers établis dans notre pays.

Si la conduite de ces étrangers laisse à désirer, notre justice sera prompte à les expulser du territoire de la République ; si par contre leur conduite est bonne, il faut les laisser en paix, car eux aussi travaillent à la prospérité de notre pays.

L'indépendance du Congo marque un pas décisif vers la libération de tout le continent africain.

Voilà, Sire, Excellences, Mesdames, Messieurs, mes chers compatriotes, mes frères de race, mes frères de lutte, ce que j'ai voulu vous dire au nom du gouvernement en ce jour magnifique de notre indépendance complète et souveraine.

Notre gouvernement fort –national –populaire, sera le salut de ce pays.

J'invite tous les citoyens congolais, hommes, femmes et enfants de se mettre résolument au travail en vue de créer une

économie nationale prospère qui consacrera notre indépendance économique.

Hommages aux combattants de la liberté nationale !

Vive l'Indépendance et l'unité africaine !

Vive le Congo indépendant et souverain.

Patrice E. Lumumba

Premier ministre

Tiré du livre de W.J.GANSHOF VAN DER MEERSCH, Congo, Mai–Juin 1960, Rapport du Ministre charge des Affaires generales en Afrique, 1960.

À propos de l'auteur

Jo M. Sekimonyo est un auteur, théoricien, militant des droits de l'homme, économiste politique et philosophe. Il est un fervent critique des théories économiques classiques.

Sur la Théorie de la valeur, Sekimonyo fait savoir qu'au XXIe siècle, au lieu du nombre moyen d'heures de travail, la qualité des moyens imbriqués à une entreprise pour produire un produit ou fournir un service établit le prix relatif.

Ses livres ont été traduits dans plusieurs langues.

Sekimonyo soutient que les pays en développement sont aujourd'hui confrontés au dilemme du modèle en ce qui concerne la sélection du « complot le plus élégant » pour se sortir de l'égout socio-économique. Il déclare que la capacité des individus à comprendre le monde et à répondre de manière créative aux défis auxquels l'humanité est confrontée est essentielle pour réduire la pauvreté. Il anime plusieurs ateliers et séminaires chaque année dans les pays en développement dans le but de stimuler les débats sur les problèmes sociaux mondiaux et les théories économiques classiques.

Une grande partie de ses écrits traitent de la justice socioéconomique, de pauvreté et d'égalitarisme. Sa plus récente publication développe une alternative au capitalisme ; *éthosisme*.

Entrevue avec l'auteur

Parlez un peu de vous à vos lecteurs, où vous avez grandi, où vous vivez maintenant, où vous êtes allé à l'école, etc. Laissez-les apprendre à vous connaître personnellement.

Je suis né en RDC, anciennement connu sous le nom de Zaïre. Très jeune, ma famille a émigré aux États-Unis pendant que mon père poursuivait son doctorat. Nous sommes retournés en RDC où j'ai fait mes études primaires et secondaires. Puis je suis retourné aux États-Unis pour l'université, et j'y vis depuis. Cela fait plus d'une décennie que j'ai décidé de passer six mois entre différents continents à observer les facettes hideuses de l'humanité, à creuser les causes profondes et à prescrire des remèdes. C'est-à-dire que je suis un marchand d'idées d'origine congolaise, fermentées aux États-Unis et embouteillées dans le monde entier. Simplement, je suis un théoricien, un militant des droits de l'homme, un économiste politique et un philosophe social. Je suis l'un des fondateurs de " En Charge", une organisation indépendante et non partisane qui promeut la participation des jeunes aux dialogues sociaux, politiques et économiques aux niveaux national et mondal.

Une grande partie de ma réflexion s'est concentrée sur l'injustice économique, la pauvreté et l'égalitarisme. Je crois fermement que la capacité des individus à comprendre le monde et à répondre de manière créative aux défis auxquels l'humanité est confrontée est essentielle pour réduire la pauvreté. En conséquence, j'anime plusieurs ateliers et séminaires, en particulier dans les pays en développement, dans le but d'engager les jeunes esprits dans des débats sur les problèmes sociaux mondiaux et les théories économiques dominantes. Depuis la crise du COVID-19, j'ai dû augmenter mon chemin de croisade et cela m'a un peu ralenti.

Qu'est-ce qui vous a inspiré pour écrire votre récent livre , Éthosisme : Manifeste abolitionniste de l'auto-asservissement

?

Plus je voyage et rencontre de vraies personnes et suis témoin des conséquences dévastatrices du capitalisme, plus je n'aime pas le contrat psychologique archaïque entre la classe ouvrière, les capitaines d'industrie et les barons voleurs qui ont toujours la mainmise sur la répartition des richesses et du pouvoir. ; même si les excuses des liens d'exploitation ont depuis longtemps perdu leur validité. La plus grande partie de ma colère vient du fait que je regarde les druides économiques jouer avec des modèles économiques remplis d'hypothèses qui dénigrent l'humanité tandis que les politiciens se sentent obligés de défendre l'esprit défiguré du capitalisme par tous les moyens nécessaires. Les autres âmes ne cherchent plus la vérité et sont transmuées dans « l'auto-asservissement ». Cependant, on ne peut pas rester en colère. Nous devons réexaminer le statu quo pour libérer l'humanité du sectarisme et du racisme à saveur d'élitisme, puis concocter une solution adéquate au changement de paradigme du XXIe siècle.

Qui a été l'influence la plus significative sur vous personnellement et en tant qu'écrivain ?

En tant qu'écrivain, je vise à faire de mes livres une expérience comme l'ont fait *Adam Smith* ou *Dambudzo Marechera*, plutôt qu'un exercice acrobatique artistique destiné à être regardé pour vous rappeler que "ça existe". Sur le plan personnel, je m'inspire de toutes les Mama Vincent que je rencontre. À un moment donné, au centre-ville de Nairobi, au Kenya, j'ai dû serrer dans mes bras le jeune Vincent pour éloigner la police. Mon éminence touristique au Kenya a protégé Vincent et sa mère du harcèlement policier. La ville de Nairobi a adopté une ordonnance criminalisant la mendicité, ou devrais-je dire la pauvreté. Criminaliser la pauvreté sous différentes formes dans différents pays ou environnements, mais avec la même odeur désagréable et le même carburant d'indifférence.

Quels ont été les combats ou les obstacles que vous avez dû surmonter pour faire écrire ce livre ?

L'idée d'écrire un livre équivaut à se mettre à poil devant un large public. Je n'ai jamais eu de problème d'être vulnérable, mais mes batailles intérieures constantes à travers cette expérience consistaient à synchroniser mon cœur avec mon esprit. J'ai dû surmonter la tentation d'être guidé uniquement par la passion ou la vision. L'intensité et la précision sont essentielles dans cette entreprise pour donner naissance à un nouveau concept. Dans la vie, la passion sans vision est un gaspillage d'énergie, et la vision sans passion est une impasse.

Parlez de votre livre à vos lecteurs.

Ce livre évalue en profondeur les modèles capitaliste et socialiste, du point de vue financier, économique, philosophique et politique. Nous en sommes venus à oublier que le capitalisme a surgi en Angleterre à une époque où les paysans perdaient leurs terres et n'avaient aucune compétence. Dans ce tableau, les masses étaient à la merci des bourgeois, qui possédaient la capacité et le droit de lancer une entreprise et de contrôler les principaux moyens de production. Cela ne justifie pas les injustices sociales inhérentes au capitalisme, mais cela montre à quel point il était facile pour quelques coupables d'asservir les masses laborieuses qui ont distribué une maigre récompense, également appelée salaire.

Ce livre est également critique du socialisme. Les tentatives des socialistes pour améliorer les conditions des pauvres ont toujours eu un effet contraire, en fait, reproduisant leur position d'infériorité - l'acte même d'accepter un salaire minimum, par exemple, ne sert qu'à accepter l'inégalité ; même la création de syndicats, plutôt que de s'attaquer aux inégalités, a indiqué l'acceptation de la subordination. Le socialisme ancre simplement l'attitude capitaliste dans l'esprit des pauvres et des esclaves sociaux.

Hélas, les échecs et les atrocités des révolutions et des insurrections, sous des bannières socialistes et marxistes, ont été utilisés pour justifier et renforcer le succès et la prévalence du capitalisme. Au XXIe siècle, la notion de « moyens de production » est devenue un sophisme. Plus que jamais, les gens acquièrent et possèdent les moyens de s'engager, de participer ou de s'impliquer dans une organisation. C'est une abomination que les financiers obtiennent encore la part du lion du surplus d'une entreprise ou d'un commerce. Nous ne devons plus nous contenter de ces arrangements économiques sauvages et franchement archaïques.

En définitive, le modèle du capitalisme est dépassé et rejette le communisme du socialisme, suggérant quelque chose de nouveau, l'éthosisme , dans lequel l'intermédiaire est éliminé ou rendu impuissant.

Ce livre met en avant la notion d'indifférence au lieu de considérer notre comportement comme un ensemble de préférences. Il apporte également un nouvel aperçu du vieux dilemme économique du cycle économique, de la raison et, plus important encore, du remède.

Je vais même plus loin et je dis : débarrassons-nous complètement de l'économie ; il est en proie à une stupide cacophonie. Pourquoi ne pas repartir à zéro avec une étude paradigmatique quantique de la façon dont nous transformons, vendons et achetons, et surtout distribuons le surplus.

Quel est votre public cible et pourquoi ?

À la fin du XXe siècle, les femmes blanches étaient reconnues comme des êtres humains et devaient être exploitées comme de pauvres hommes blancs. D'une manière ou d'une autre, tous les autres ont également trouvé leur chemin à travers l'âge d'or de l'auto-asservissement vers le mille-pattes humain.

Le simple mortel acquérant et possédant ses moyens d'engagement, de participation ou d'implication est devenu une culture mondiale.

Comme nous sommes tous devenus des esclaves trop efficaces, les crises économiques se produisent plus fréquemment et sont causées par les manœuvres des pays développés pour atténuer la *surefficacité*. L'oxycodone des pays développés accuse de gros déficits ; et de ses habitants accumule les dettes des ménages, a ajouté à la sur-inefficacité du tiers monde, rend impossible d'éviter une navigation plus difficile. Nous avons cruellement besoin d'un ***moral nuvem consensus***. Ainsi, tout le monde est le public visé.

Que considérez-vous comme votre plus grande réussite dans la vie ?

Je ne considère pas classer tout ce que j'ai accompli comme le plus grand succès de ma vie. Mais je trouve un grand réconfort chaque fois que j'utilise mes capacités ou mes connaissances pour avoir un impact sur la vie de quelqu'un d'autre ou éclairer sa vision du monde.

Qu'est-ce qui vous distingue des autres écrivains de votre genre ?

L'économie est un ajout à mon arsenal de formation académique en affaires (comptabilité, gestion et finance), philosophie, politique et tragédies de la vie réelle. Tous ces éléments transparaissent dans mon contenu et mon style d'écriture, qui reçoivent soit des insultes cinglantes, soit des éloges abondants pour ne pas avoir été transmis à la cadence économique « normale ».

https://www.drmelmessage.com/

2 mars 2022

Table

L'instinct du crapaud
À propos de l'auteur
Entrevue avec l'auteur

Introduction

Cette anthologie va sembler être un grand galop
aveugle à travers une forêt enchantée et polluée par
des dragons mythiques de toutes sortes par choix et
non-pas par hasard. Il est douloureusement compliqué
de révéler les failles dans les motivations de la pensée
des acteurs culturels, politiques, sociaux, religieux et
économiques congolais en République démocratique
du Congo sans dévaloriser les perspectives d'avenir
de mes compatriotes. Cependant le déclic de la cure à
tous les maux congolais comme à tous les tiers-
mondistes est cryptée dans un dicton chinois :
« même le plus long voyage commence par le premier
pas » auquel j'ai ajouté, dans la bonne direction.

Les Congolais qui trouvent ou ne peuvent
s'empêcher d'applaudir ou de glorifier la colonisation
belge sadique du Congo, devraient s'abstenir de faire
ce tour de montagnes russes. Plus je vieillis, plus je ne
peux pas le tolérer. Ce genre de légèreté au sens de la
morale est loin d'être un péché mortel. Mais après
plusieurs études et analyses minutieuses, j'en suis

venu à me rendre compte que la maladie de revendiquer allègrement ou avec arrogance les bonnes actions ou bienfaits de la colonisation de l'immense Congo par la minuscule Belgique, qui était en fait un carnage social et culturel dont les conséquences néfastes se font encore sentir aujourd'hui en RDC, et un génocide économique dont tous les citoyens belges bénéficient encore aujourd'hui est incurable.

De nos jours, il n'y a pas de dictature en RDC, mais plutôt un césarisme puant qui se transforme timidement en ploutocratie. Les barons du régime et les cliques des soi-disant opposants n'ont pas une vision sociale mûre et sont incapables d'articuler une philosophie économique propre à un sous-continent. Cela perpétue le consensus obtus sur le model colonial qui se base surtout sur l'industrie extractive tout respectant aveuglement les consignes des anciens maitres des lieux qui accroit le terrain d'assaut des prédateurs vicieux et la préservation des barrières psychologiques entre les tribus.

Le masochisme tribal crée toujours des mécènes et des prophètes les plus impitoyables. Pendant les élections, ayant la possibilité de décider qui dictera l'ordre social ou de briser le paradigme colonial hérité, les Congolais ont invariablement choisi ou ont volé des voix pour des psychopathes absolus et charlatans de tout genre. Jeter le doute sur la conscience des « leaders » politiques, académiques, sociaux, religieux et économiques ou mettre à nu le provincialisme dans les actions et idées n'est pas dénué de mérite mais ce n'est pas le bienvenu. Même la notion de perdre ou de gagner le pouvoir qui n'a pas de sens dans une démocratie parce que le perdant gagne aussi en influence, est ignoré.

La recherche d'une causalité naturelle reste impertinente. Comme tous les tiers-mondistes, les Congolais acceptent les faux et les légendes avec une foi enfantine. Les critiques stériles d'œuvres historiques ont le même amateurisme que les pratiques médicales.

Les factions religieuses ont rarement adopté des positions anodines ou favorables à une vision équilibrée de questions controversées. Les plaidoiries des roitelets de la spiritualité montrent qu'ils sont soit des bergers tribaux, soit de purs profiteurs financiers de fantasmes ou de chagrins des congolais. Rien de surprenant que des sermons poisonneux jaillissent des dirigeants des institutions qui aussi attribuent des fonctions sur base d'une cartographie coloniales et des appétences tribales.

Une grande partie de ma vie est consacrée à disséquer la misère qui étrangle l'esprit de tout mortel ordinaire et le désespoir qui s'ensuit. Paresseux, narcissique, rêveur, c'est ainsi que beaucoup de nationaux et d'étrangers considèrent aujourd'hui les jeunes congolais. Le regard critique de ces cannibales sur les jeunes d'aujourd'hui n'est pas fondé.

C'est par faute de capacité moderne à résoudre les problèmes socio-économiques que la RDC continue de pourrir dans la fraternité des nations faibles, pauvres et stupides. Toutefois, c'est bien plus l'incapacité d'identifier le vrai problème. Il est écœurant que dans la plupart des universités, qui devraient être les épicentres des idées et des idéaux de modernisation, la politique empoisonne les batailles cérébrales sur les questions sociales et sur la politique économique. À un certain niveau, cela explique pourquoi aucune des universités de la RDC ne figure sur la liste des meilleures d'Afrique, pour ne dire au monde. Le manque d'humilité scientifique de la part des bleus imitant les pseudo-intellectuels est déprimant au maximum.

Il ne devrait pas être raisonnable de remettre en question le sens du patriotisme en raison de la croisade persistante contre tout investissement en RDC, compte tenu de l'écosystème actuel. Personne ne devrait perdre du temps et de l'argent dans un système qui récompense généreusement les escrocs et déclenche sans cesse des affrontements politiques pour enrichir les instigateurs. Quoi de plus atroce qu'une terrible expérience en tant qu'investisseur, commerçant, ou entrepreneur congolais ou étranger aux mains de ceux qui devraient fournir un surplus social. Ceux qui sont dans les institutions publiques se fichent les affres de ces concepteurs, initiateurs et acteurs détruisent des millions d'opportunités au détriment de nombreuses générations à venir, ce qui équivaut à un suicide social et économique collectif.

Deux voix différentes, mêmes chansons

Tout au long des mandats présidentiels de Joseph Kabila, le fondement idéologique des tentatives de développement économique était la modernisation de la RDC et le fouet pour préserver l'ordre social au lieu d'améliorer substantiellement les moyens de subsistance du peuple congolais et les carottes. Tandis que, à leur tour, le président Félix Tshisekedi et sa clique appliquent strictement l'article 69 de la constitution, qui aboutit toujours à un partage juste et équitable du « gâteau » entre gangs politiques alliés et mercenaires.

Dans la politique économique contemporaine, les deux approches n'ont ni sens ni mérite. Et chaque fois qu'une exigence de contextualisation se pose dans un dialogue au tiers-monde, c'est toujours pour supprimer l'objectivité et rendre supportables ou justifiées les injustices de toutes sortes Alerter le monde sur l'intrigue de la balkanisation de la RDC n'apporte rien pendant qu'au lieu d'apporter une solution socioéconomique pour le contrecarrer, on exacerbe les sentiments primitifs tel que le tribalisme, sur lequel le soi-disant complot repose sur. Et nous perdons la tête chaque fois que la monnaie nationale se retire du dollar américain tout en obstruant les voies du crédit financier et social pour les micros, petites et moyennes entreprises et commerces et les particuliers.

Confrontés à des preuves accablantes des montagnes de gaspillage social et économique générés par la machinerie politique, les kabilistes ont catégoriquement refusé de faire face au verdict. Et ainsi alla encore plus la défiguration de notre démocratie. Le résultat de leur ego a été une distorsion des principes d'une plus grande participation citoyenne et d'une représentation plus directe.

Déjà pour une nation aux contrats tribaux toxiques à plusieurs niveaux, le système semi-présidentiel est un gouffre. Le suffrage universel indirect à tous les niveaux et les manigances des listes de partis politiques ainsi que le fait d'exiger de l'argent pour briguer n'importe quelle fonction, en particulier celle de président de la république, sont aussi **antisociaux qu'antiéconomiques**.

Contrairement à ses prédécesseurs, dès le départ, un nombre considérable de personnes ont prophétisé que le président Félix Tshisekedi donnerait la priorité à la réorientation du pacte national vers l'article 36 de la constitution. Il s'agissait de réduire drastiquement le taux de chômage tout en augmentant le salaire minimum, de réformer en approfondissant le système d'éducation et de retraite, de réorienter les objectifs de l'administration publique, de dissoudre le pacte strict entre les tribus et les classes sociales, et ainsi améliorer la vie des citoyens et moderniser l'économie nationale. Malheureusement, à peine un an après le début de son mandat, tout semblait assurer le contraire. Et au fil du temps, le plan et les idéaux des Tshisekediens s'assombrissent de plus en plus, sur tous les fronts.

Ceux qui devraient aider les dirigeants de cette nation à se concentrer sur l'essentiel ou l'article 36 de la Constitution offrent plutôt le divertissement cérébral le plus écœurant. Il y a des membres du clergé qui prêchent ouvertement la haine tribale. Il y a aussi le pitoyable échange de coups de feu entre M. André Mbata Mangu et M. Raphaël Nyabirungu Mwene Songo pour faire plaisir à leurs parrains tout en s'accrochant à l'insigne académique vénéré de professeur d'université qui dans le tiers-monde signifie être omniscient. Quant aux médias congolais, ils ont tous été toxiques pour l'état d'esprit de la nation.

Tous les remèdes au mal apporté par la Première Guerre du Congo et par les mentors et parrains du régime de l'AFDL qui sévissait encore dans l'est de la RDC et les magouilles et les résolutions entourant le drame du covid-19 démontrent la prédisposition de l'État et du peuple congolais, sinon leur engagement, à toujours braquer dangereusement dans la mauvaise direction, se tirant une balle dans le front.

D'une certaine manière, le nœud du problème est que la définition de l'art politique et de la compétition qui prévaut en RDC est encore terriblement cannibale, où se mêlent idolâtrie des dirigeants, délire tribal et narcissisme économique national. Puisqu'il n'y a ni riches ni pauvres mais plutôt moins de pauvres et d'autres extrêmement pauvres, tous manquent d'objectifs qui vont au-delà de la satisfaction des besoins de base sans une goutte d'humanisme.

Avons-nous besoin d'un héros ? Survivre à l'humiliation sociale et/ou économique quotidienne fait de nous tous des héros. Au contraire, nous avons besoin que les maux ou les défis sociaux ou économiques comptent plus que les pénuries politiques. Il appartient aux Congolais partout et en tout temps d'abuser du droit de conscience sur la société et sur leurs aspirations, individuellement. Ce n'est qu'alors que 50 notes techniques par semaine sur le bureau du président, les forums économiques et les dialogues sociaux auraient un sens.

Dans une démocratie élémentaire comme dans une tyrannie barbare, un chef d'Etat doit comprendre que les citoyens de sa nation ont moins confiance en ses déclarations qu'en ses convictions. Cela ne semble pas être le cas actuellement en RDC. Il y a des indications que cela pourrait changer dans un avenir prévisible.

C'est à ceux de la nouvelle génération en colère qui ont l'appétit un jour de diriger le pays ou de contribuer à sa modernisation sociale et à son développement économique de se demander comment le faire. Ils doivent déjà se préparer à être en mesure de résoudre les défis de la nation et de répondre aux désirs et aux besoins nationaux et mondiaux, avec un état d'esprit sophistiqué.

Mon conseil, il vaut mieux viser des secteurs très lucratifs tout en se concentrant sur l'amélioration des moyens de subsistance des congolais, la carotte. Il n'y a aucune crainte de discrimination positive en faveur des nationaux. Là encore, il ne s'agit pas de créer une oligarchie à la russe, basée sur le contrôle des ressources de l'État par quelques-uns, plutôt plus l'intégration mondiale à la chinoise de Deng Xiaoping. C'est ainsi que les Congolais auront l'opportunité de créer de la richesse générationnelle, sans une goutte de sang de leurs frères et sœurs entre les mains. C'est la seule façon dont les prochains Jeff Bezos, Kiran Mazumdar Shaw, Jack Ma, Aliko Dangote et Oprah Winfrey seront congolais.

En RDC, chaque fois que je fais une demande d'organiser un séminaire ou une conférence dans un établissement d'enseignement supérieur, j'espère que le sens stupide de la paranoïa ne sera pas un obstacle pour qu'on me laisse engager et taquiner les jeunes et les vieux esprits, et qu'ils prendront le temps d'écouter, de mâcher et d'avaler avant de me cracher des notions et des arguments qu'ils croient savoir si bien. Je pose une question simple avec des ramifications complexes à travers le monde : « qu'est-ce qu'il faut pour qu'une nation grimpe du troisième au premier monde ? » Patrice Lumumba articula le même casse-tête et la même peur dans sa manière et son style.

J'envisage d'ouvrir un jour des écoles d'été et des ateliers dans toute la RDC sinon tout le tiers-monde pour que de très jeunes esprits passent du temps sur des écrans d'ordinateurs, à les casser ou à les déchiffrer. C'est en quelque sorte créer un sentiment d'émerveillement qui mène à un subtil espoir brûlant. On peut ignorer son passé, car il existe malgré tout. On peut ignorer son passé, car il existe malgré tout. Mais l'avenir est très important. C'est ainsi que sans espoir, il n'y a pas d'avenir.

Un bocal percé mais réparable avec une colle de pensée contemporaine

Dans la mythologie grecque, Sisyphe s'était rebellé contre la volonté des dieux et fut condamné à pousser un énorme rocher jusqu'au sommet d'une montagne dans le royaume des morts. A peine ce but était atteint que le rocher roula jusqu'au pied de la pente d'où Sisyphe devait le gravir. Cette tâche a été répétée pour l'éternité.

Vu tout ce qui s'est passé en RDC, ce mythe pourrait indiquer à tort que l'indépendance congolaise qui a été perçue par son ancienne métropole, la Belgique, comme un acte de trahison, était une transgression dont la nation subira éternellement les conséquences néfastes. Le péché est bien sûr loin de la vérité ; les enchainements ne sont pas la version si hyper dramatisée de la vérité.

Pourquoi s'attaquer à toutes ces énigmes alléchantes semble-t-il tellement plus traumatisant aujourd'hui qu'hier ? Eh bien, il semble que lorsque les choses commencent à bien se présenter pour la RDC, les cauchemars semblent toucher à leur fin, il se passe toujours quelque chose qui brise les espoirs et les aspirations. Nous nous retrouvons une fois de plus sur la planche à dessin nus avec des larmes coulant de nos yeux, des ventres et des poches vides et le sang de nos frères et sœurs partout sur nos mains.

La lutte pour l'indépendance nationale était due au fait que les Congolais tenaient à briser le cycle de transmission générationnelle de la pauvreté et de l'exclusion sociale. Mais depuis le lendemain de leur délivrance des atrocités des colons belges, les Congolais se sont retrouvés dans le piège socio-économique des énigmes politiques qui ont coûté la vie à Patrice Émery Lumumba, Joseph Okito et Maurice Mpolo, les pendus de la Pentecôte, Jérôme Anany , Emmanuel Bamba, Évariste Kimba et Alexandre Mahamba, les innombrables vies sous la dictature de Mobutu, et le génocide par ce qu'on appellera la Grande Guerre d'Afrique et ses suites.

Malgré la volonté de trouver le remède le plus utile aux maux sociaux, politiques et économiques, des pays comme la RDC ne disposent pas encore de la bonne solution curative. Parfois c'est le dosage, la plupart du temps c'est l'enthousiasme du public à avaler des réponses politiques basées sur des concepts démodés de développement économique alimentés par les inspirations et les instincts primitives de son élite.

Comme Joseph Kasa-Vubu, Mobutu Sese Seko Kuku Ngbendu Wa Za Banga, et les deux Kabila en leur temps, Félix Tshisekedi depuis sa prise de fonction a tapoté à la hâte sur de faux ongles et s'achemine de plus en plus vers une autre phase perdue dans la fusion du désespoir exacerbé et des perspectives hypothéquées.

Est-ce juste de la malchance si chaque fois que nous cassons un bocal, nous nous retrouvons avec un plus laid que ce que nous avions ?

Tout se résume à un mauvais diagnostic

Les troupes de l'opposition politique ont toujours été incendiaires avec tout ce qui n'était pas pertinent pour tenter de briser l'humiliation socio-économique quotidienne répugnante des Congolais. La crédibilité n'a pas encore été opposée à la pertinence d'élections démocratiques. C'est comme si nous n'avions pas encore saisi la différence entre représentation et inclusion démocratique. Du coup, chaque coalition délirante entre gangsters politiques au pouvoir, sous les applaudissements des institutions religieuses et les encouragements des éditeurs de programmes audiovisuels, ignore les vrais maux sociaux et les enjeux économiques congolais.

Au sein de nos hippopotamesques gouvernements, nous avons de plus en plus une combinaison dangereuse des ministres qui sont révélés hors de sa ligue et ont depuis longtemps abandonné. Il y a bien d'autre qui sont audacieux et belliqueux mais trop mal orienté. Tel qu'un ministre de l'Industrie ou de PME qui ne semblent pas comprendre la différence entre les attributs primitifs de la géopolitique et de l'économie politique au XXIe siècle. Un ministre des Finances, celui d'Economie et même le premier ministre qui ont tous leurs yeux braqués sur les thermomètres les moins pertinents. La couverture de toute la mascarade faite des diplômés et des soi-disant bienfaisants millionnaires congolais que nous n'avons pas pris la peine de vérifier la qualité de leur état d'esprit et leur dynamisme, se désagrège.

Avec l'administration publique qui rançonne ouvertement le public, une police qui ne se soucie pas d'honorer son engagement d'aider les personnes en danger, le secteur comme la communication qui freine fièrement l'entrepreneuriat local, les acteurs politiques sans agenda social ou économique, les universitaires qui récitent des arguments sociaux, politiques et économiques occidentaux, au lieu de générer un nouveau courant de pensée et en plus d'autres facettes du cirque national congolais, la nation semble loin de sortir du gouffre économique ou de briser nos cauchemars.

Il faut noter que l'obsession de vouloir que les Congolais aient le ventre plein au lieu d'une tête bien faite ne fait qu'augmenter la vitesse du sprint social et économique dans le mauvais sens. Et aussi, l'utilisation excessive de la politique continue d'entraîner davantage de pertes de vie et d'argent.

Il y un aspect plus dévastateur que la corruption, les rivalités interministérielles et le manque de coopération dans l'allocation et le décaissement des ressources nécessaires pour activer un destin meilleur pour la nation et aussi tant négligé. On peut aussi dire que le manque d'interaction entre les décideurs qui ordonnancent les séquenceurs des projets et options budgétaires et les utilisateurs finaux et les bénéficiaires à la conception est à l'origine de ce qui fait un régime après l'autre la RDC naturellement un sanctuaire d'éléphants blancs, la moquerie de nos voisins pas si meilleurs. Cependant, c'est de la corruptibilité.

En regardant la rage destructrice actuelle et l'intolérance culturelle en RDC à travers les médias et dans de simples conversations, il est facile d'oublier qu'il fut un temps où les sources culturelles, les tribus des autres, étaient moquées et caricaturées et tout le monde riait. Personne ne semblait congolais car des voix, tout en rigolant, accusaient Mobutu d'être centrafricain, les Bazongo d'être angolais, etc.

D'une manière ou d'une autre, quelque part, ce sens de l'humour s'est perdu. Nous sommes retournés dans les années 60 et avons glissé vers état d'esprit haineux de Joseph Kasa-Vubu, père du tribalisme congolais illustré par l'ABAKO (L'Alliance des Bakongo).

la forte demande de Kasa-Vubu contrastant avec l'approbation par l'élite de la conscience catholique africaine du plan de 30 ans pour un Congo indépendant a été importante pour inverser la tendance.

Mais les germes de son nationalisme ethnique se trouvent dans ce contre-manifeste ABAKO qui met l'accent sur l'utilisation de groupes déjà existants en termes de "groupes historiquement, ethniquement et linguistiquement unis ou manifestement organisés pour former des partis". En d'autres termes, ils soutenaient le fédéralisme mais seulement dans lequel un Congo indépendant serait composé de petits États basés sur l'ethnicité, de sorte que chaque État conserverait son autonomie.

Preuve en est qu'en avril 1959, l'ABAKO publia une déclaration écrite selon laquelle la véritable structure représentative au Congo ne pouvait être qu'une structure ethnique et qu'une unité imposée du Congo serait vulnérable. Allant encore plus loin, le 21 juin 1959, les ABAKO présentent des projets administratifs pour une « République du Kongo Central » autonome mais heureusement rejetés.

Ainsi, on ne peut et ne doit pas nier que Joseph Kasa-Vubu et ABAKO ont été le moteur du mouvement indépendantiste au Congo belge, mais par l'utilisation du nationalisme ethnique et du spectacle politique public.

Il convient de noter qu'il y avait le Parti de la solidarité africaine qui était inhabituel parmi les nouveaux partis en ce qu'il ne s'identifiait à aucune ethnie mais prêchait plutôt le socialisme et remportait 278 971 voix représentant 12,54% l'équivalent de 13 sièges au parlement, se classant deuxième après le MNC-L.

Et sans le vote indirect (au parlement) et l'avis favorable de Lumumba (erreur fatale de sa part), Joseph Kasavubu n'aurait pas été le premier président du congo car ABAKO n'avait que 210 542 voix populaires qui représentaient 9,47% soit disons 12 sièges au parlement, en troisième position loin derrière le MNC - 521 187 L (23,44 %, 33 sièges).

De nos jours, les partis politiques sont redevenus rien d'autre qu'une structure politique pour défendre ou plaider au nom d'une tribu, pour le bénéfice et l'avantage de ceux oints par les colonisateurs comme évolués et matriculés, et aujourd'hui des leaders autoproclamés ou oints par des puissances étrangères et ses cliques. Cependant, une fois que nous nous arrêtons pour disséquer le ton actuel et les émotions qui découlent des arguments et des offensives politiques basés sur ce qui était autrefois drôle, nous ne pouvons plus nous leurrer que c'est du tribalisme mais plutôt nous réveiller que c'est de l'extrémisme en pleine parade.

Par ailleurs, au lieu de récompenser ceux qui ne peuvent ou ne veulent pas prendre les armes et tuer leurs concitoyens, en lançant une armada économique et sociale vers l'Est, le fait de cosigner une rencontre ou entamer des négociations avec les milices armées à caractères tribales, des pures expressions de l'extrémisme, est une tragédie. Ceci sanctifie, donne un air de héro, ceux qui prennent les armes dans la soi-disant légitime défense ou protection d'une tribu. C'est en soi nier que l'approche qu'ils ont choisie n'apporte pas la justice, mais plutôt l'imposition d'une autre injustice. Pire, ces mêmes prétextes conduisent à des efforts de ségrégation dans une bulle tribale qui ne fait que ralentir, si pas rompre, le cycle de maturation économique et sociale nationale dont la RDC a tant besoin.

Il faut dire aussi que malgré les alarmes tirées sur un soi-disant plan de balkanisation de la RDC tant que la constitution accorde à la république une forme d'assemblage des ethnies et non des individus, le sens qu'une tribu a préséance sur le patri continuera de perdurer et d'alimenter des antagonismes meurtriers aux profit des pygmées intellectuels et l'appétit des barbares nationaux et étrangers de toutes sortes.

Il en va de même de la parité, dans un pays comme la RDC, qui accuse un grand retard en matière de développement économique et social.

D'une part, c'est un mécanisme tolérable d'instauration de l'égalité lorsqu'elle consiste à assurer aux femmes et aux hommes l'accès aux mêmes opportunités et droits tels que le salaire (à poste et grade équivalents) et l'emploi (accès à une profession, égalité des chances en matière de recrutement) et la formation (alphabétisation, niveau d'études, etc.).

D'autre part, comme la nation n'a pas encore résolu la pauvreté généralisée et la mauvaise qualité des moyens individuels d'insertion dans le marché mondialisé, elle dilue l'essence de la démocratie, marché des idées, quand cela signifie que chacun doit aussi être représenté dans les institutions, la représentativité politique (droit de vote, droit d'être élu, composition d'une assemblée élue ou d'un gouvernement, etc.) en modulant certains aspects des élections ou en imposant aux partis politiques d'appliquer la parité dans la présentation des candidats aux élections et est toxique pour l'esprit de méritocratie lorsqu'il s'agit d'imposer la représentativité des dirigeants d'entreprises ou d'institutions publiques (postes de direction, conseil d'administration, etc.).

Il est frustrant de voir comment les bluffeurs congolais et étrangers ont convaincu la nation que la **corruption** au lieu de pointer du doigt les **détournements de fonds** et la **capitulation de l'Etat** qui engendre la « **corruptibité** », la **mauvaise gouvernance** au lieu de mettre en lumière les **mauvaises règles et méthodes de casting pour les acteurs politiques**, qualifier les congolais de **paresseux** ou indexer la **parité** au lieu de parler du manque d'accès au **capital** et d'un **écosystème entrepreneurial** sain et le **tribalisme** au lieu de dénoncer l'**extrémisme** entravent son développement économique et sa transformation sociale.

Transmutation d'orientation

Dans une autre mythologie grecque, les Danaïdes sont les cinquante filles du roi Danaos. Après avoir épousé leurs cousins, ils les tuent la nuit de noces et sont alors condamnés à l'enfer où ils devront remplir à jamais des bocaux percés.

La fierté tribale consiste à préserver la source culturelle, ce qui n'exclut pas la promotion des valeurs d'hospitalité et de fierté nationale. Mais l'enfer se déchaîne lorsque des tribus ou des religions s'attachent à une certaine paranoïa de survie ou d'injustice. On va généralement au-delà du plaidoyer pour son groupe pour le défendre, par tous les moyens et à tout prix. Pour le dire simplement, cela conduit à l'extrémisme.

Le discours de haine est un instrument qui alimente l'extrémisme et non l'inverse, est utilisé par des créatures qui ne peuvent pas rivaliser dans le domaine de la créativité rationnelle ou faire des arguments concis sur ce qui compte vraiment pour une nation, le changement social et la croissance économique.

Pendant que l'on se souci d'élever la qualité des questions sur les défis sociaux et économiques, on ne peut éviter de faire face à un conflit cérébral. Si jamais la tête l'emporte sur le ventre, on peut prévoir une grande percée sur un front différent. La paix à l'Est devenant une réalité, le paludisme et la malnutrition devenant une chose du passé, des millions de vies seraient sauvées chaque année. Les croisés contre les avortements, avec lesquels je suis totalement en désaccord car je crois fermement qu'une femme a le droit indéniable de décider de son corps et du fœtus dans son corps, vantent que leur triomphe ajouterait aussi nombre considérable des êtres vivants. Toutefois, qu'es ce qu'on offrira à toutes ces vies ? L'humiliante mendicité pour les brisés, la prostitution physique ou intellectuelle pour les cœurs froids, ou le banditisme politique pour les brutes ?

Il y a à l'ère de la flamme parfaite et de la cognition imparfaite, qui à la veille de l'Indépendance et années après années n'avaient aucune idée de la symbiose sociale, culturelle, commerciale et politique mondiale qui se précipita pour écraser leurs corps et leurs âmes. Près de trois générations de Congolais ont gaspillé des tonnes de balles ou se sont tiré une balle dans la tête. Il y a une nouvelle génération de Congolais qui est moins distraite et moins pathétiquement fanatiques. Les marges d'erreur que le chaos social et économique peut engendrer sont probablement bien moindres que ne l'imaginent les élites ou ceux qui se vantent d'être évolués.

Le nouveau lot des âmes congolaises doit à tout prix trouver comment combler le fossé entre ce qu'il est vraiment et ce qu'il pourrait devenir, de manière

moderne. Qui les orienter dans la bonne direction ?
Les spéculations cérébrales rivalisant pour le contrôle
de l'état semi-conscient congolais n'améliorent guère
la qualité des dialogues. Il s'agit d'abord de dégonfler
les expressions désuètes et les théories truquées qui
génèrent plus de confusion et de contrevérités qu'elles
n'éclairent le débat.

Les jeunes d'aujourd'hui sont confrontés à de
grandes difficultés et que leur situation est plus
difficile tel que le taux de chômage et le SMIG,
détériorée par rapport aux générations précédentes.
Ce sont des conséquences directes de la pénurie de
dialogues sur le plan politique économique.

En RDC, chaque fois que je fais une demande
d'organiser un séminaire ou une conférence dans un
établissement d'enseignement supérieur, j'espère que
le sens stupide de la paranoïa ne sera pas un obstacle
pour qu'on me laisse engager et taquiner les jeunes et
les vieux esprits, et qu'ils prendront le temps
d'écouter, de mâcher et d'avaler avant de me cracher
des notions et des arguments qu'ils croient savoir si
bien. Je pose une question simple avec des
ramifications complexes à travers le monde : « qu'est-
ce qu'il faut pour qu'une nation grimpe du troisième
au premier monde ? » Patrice Lumumba articula le
même casse-tête et la même peur dans sa manière et
son style.

La nation doit s'efforcer d'abattre les murs qui ont
été construits au fur du temps d'empêcher que notre
démocratie ne devienne un véritable concours d'idées

et d'aspirations modernes, et d'actualiser les institutions éducatives publiques et privées qui sont en fait des usines à infuser des idées, éveiller les consciences et déclencher un défiant raisonnement. Ce n'est qu'alors qu'un ajustement peut être effectué pour l'égalité, si nécessaire.

La RDC est un bocal percé mais réparable. Ce défi n'est ni une folie ni un péché. Réduire sinon détruire la corruptibilité, la base doit être ancrée sur la stabilité (salaire), la prospérité (employabilité)et la dignité (retraite) ou sigle « SPD ». Pour cela, les Congolais en RDC ont besoin d'un nouveau ciment culturel et de moyens de participation ou d'engagement individuels modernes pour s'adapter aux schémas ou artifices économiques mondiaux contemporains avant de déverser leurs espoirs et leurs rêves.

Le marché mondial reste le grand océan à conquérir

Au XVIe siècle, la Chine aurait tout aussi bien pu conquérir le monde et le soumettre à ses caprices, mais elle ne l'a pas fait. Au lieu de cela, la dynastie Ming a décidé de détruire ses navires et d'arrêter de naviguer vers l'ouest. Pendant ce temps, l'Occident a appris à naviguer sur les grandes mers puis a fait d'énormes fortunes en soumettant le reste du monde, y compris les Chinois, à une horrible exploitation pendant des siècles.

Au milieu du XXe siècle, il y a eu la révolution agraire de Mao qui a été une catastrophique maladresse. Vient ensuite Deng Xiaoping pour qui la Chine devait passer des ressources naturelles au capital et aux entreprises pour gagner sa place légitime dans la ligue des puissants. Il avait compris le mérite de la qualité des moyens individuels pour s'impliquer dans le développement d'une nation plutôt que de s'en remettre au népotisme ou aux idées communistes.

La Chine a depuis rattrapé les nations développées. En une seule génération, il est passé d'une nation agraire arriérée à une puissance économique.

Au XXIe siècle, comme à tout moment de l'histoire, ceux qui s'accrochent aux anciennes coutumes et traditions, même camouflées sous des idéologies rénovées, dépériront.

Rubik's Cube

Si vous faites quelque chose de « correct » mais que ce n'est pas la bonne chose à faire, vos efforts seront vains. Inversement, si vous faites la « bonne chose » mais que vous la faites mal, vous échouerez lamentablement. C'est le dilemme des tiers-mondistes confrontés au défi de se libérer d'une pauvreté nauséabonde.

Dans les deux vieux puzzles qui ont toujours hanté l'humanité ; création de richesse et répartition de la richesse. La création de richesse est devenue moins gênante ; nous avons démystifié celui-ci lors des différentes vagues de la révolution industrielle. Le capitalisme est également sorti vainqueur d'autres arrangements tels que le socialisme et le communisme parce qu'il va de pair avec l'incitation la plus rationnelle à produire un surplus social et monétaire, l'égoïsme individuel.

Mais, sous le tempo du capitalisme, le secteur public existe pour créer des surplus sociaux plutôt que des surplus financiers pour la nation. Les excédents sociaux sont des incitations à l'entrepreneuriat ou créent un environnement dans lequel les gens peuvent rêver et sont plus susceptibles de réaliser leur rêve. Quand l'esprit du secteur public est de générer des surplus financiers ou quand l'objectif est, comme aiment à le dire les *évolués*, d'augmenter l'assiette fiscale, c'est au risque des services publics les plus indispensables aux interactions marchandes et entrepreneuriales telles comme des services d'expédition et de messagerie pratiques et abordables.

Sourd muet

Contrairement à ce qu'ils laissent penser, une économie extravertie ou orientée vers la demande étrangère comme la Corée du Sud ou le Vietnam pour ne pas citer tous les pays économiquement puissants est une bonne stratégie. Pour analyser les pays cités ci-dessus, c'est un blasphème d'affirmer qu'un pays est économiquement indépendant lorsque la production nationale est essentiellement tournée vers le marché intérieur.

Le solde du compte courant ne vous dit pas non plus toute l'histoire ; Selon le Fonds monétaire international, les 2 premières économies avec le plus grand excédent (Allemagne et Japon) et les 2 premiers pays avec le plus gros déficit (États-Unis et

Royaume-Uni) sont tous deux parmi les 5 premiers pays les mieux classés au monde en termes nominaux. PIB et les plus endettés. Le dénominateur commun auquel on accorde plus d'attention est qu'elles sont toutes des économies sortantes mais à forte valeur ajoutée.

S'agiter contre des symptômes sociaux et ignorer le vrai problème est par malheur une culture qui dérailler les explorations sociales et économiques dans le tiers-monde par le tiers-mondistes. Les restrictions de voyage font partie de la boîte à outils des instruments de confinement des migrations utilisés par le nord global pour freiner la mobilité en provenance du sud global. Autre illustration de l'incompréhension du vrai problème de la pertinence congolaise dans le monde globalisé ou entrave la capacité de conquérir le monde, l'importance mise sur le coût du passeport congolais au lieu du pouvoir de ce document. L'accent devrait être mis sur la réduction de l'écart mondial en matière de liberté de voyage, le nombre de pays à voyager sans visa, pour quelqu'un avec un passeport congolais. Bref, ce n'est pas une question de coût mais plutôt de pouvoir de passeport. Il en va de même pour les diplômes et le domaine d'études sans vérification de sa valeur ou de sa validité sur le marché du travail mondial.

Pour contrer le choc du Covid-19 sur les économies nationales, les trillions $ que les pays riches ont pulvérisé sur leur population contre les miettes sous forme de quelques millions $ ou d'euros qu'ils ont donné aux pays pauvres. Le monde développé s'enrichit en utilisant un nouvel ensemble d'outils financiers qu'il empêche les autres d'utiliser. Mais d'abord, il faut se demander où les pays développés ont-ils même obtenu cette somme d'argent folle ? Ils l'ont simplement « imprimé ».

Le monde développé s'enrichit en utilisant un nouvel ensemble d'outils financiers qu'il empêche les autres d'utiliser.

Jeu de doigts pointus

Il n'est pas question de l'incapacité de la RDC à transformer les innombrables ressources naturelles à sa disposition, qui sont à la base de son marasme social et économique. On pourrait aussi en déduire à tort qu'il existe un monument pour *Franco Luambo Makiadi* mais nulle part un boulevard portant le nom de *Valentin-Yves Mudimbe*, la distraction prime naturellement sur les grandes idées. Il convient plutôt de souligner que par le diktat venu d'ailleurs, les dirigeants politiques des pays pauvres ne sont ni leaders ni pleinement gestionnaires de leurs économies. Leurs grognes contre l'impérialisme mondialisé sont ironiquement accueillies et applaudies par l'Occident parce qu'elles n'offrent aucune alternative. Leurs menaces ne menacent en rien les mesures coloniales. On voit même que les voix qui s'élèvent sont souvent les échos d'autres cris de colère juste pour converser le halo intellectuel qui leur est attribué. Cependant, ce sont des bruits ou des symptômes d'un problème plus important.

La RDC, comme les pays du vrai vieux continent, est la poubelle des fripes et les déchets et des idées de de l'hémisphère nord. Nos appétits sont exubérants alors que nos ambitions ne sont pas à la hauteur. Nous ne raisonnons pas sur la conquête des transactions luxueuses occidentales ou la colonisation du goût du monde. On ne peut empêcher un perroquet de jurer à haute voix simplement en le muselant. Il faut sans cesse lui répéter de nouveaux mots pour changer son répertoire.

Avec tant de changements qui se produisent à un rythme effréné, il y a un sentiment d'introspection intellectuelle dans le nouveau pedigree de Congolais autrement prospères dont la honte les pousse à pousser et à traîner leurs nations pour faire le premier pas décisif dans la bonne voie. C'est de ces contre-élites que bouillonne la contre-offensive.

Nager avec le courant

Une entreprise, différemment à un commerce qui existe juste pour acheter à bas prix et revendre au prix, est toute association ou consultation de compétences pour profiter des attributs du commerce contemporain. Aujourd'hui, l'objectif d'une entreprise, sous sa forme la plus primitive à la plus sophistiquée, est de briser l'indifférence des clients en utilisant des tactiques passives à agressives plutôt que de fournir un service et/ou un produit. Et aujourd'hui, une meilleure économie nationale est réalignée pour être dirigée par des entreprises plutôt que par des commerces. Sous cet aspect, il faut pointer l'insuffisance, ou dans la plupart des cas, l'absence des moyens de participation ou d'engagement des congolais en RDC dans les entreprises ou dialogues du XXIe siècle, autrement-dit, dans les transactions intellectuelles sophistiquées.

Les innovations technologiques ont rendu les cols bleus excessivement productifs et généré des fortunes absurdes, tandis que paradoxalement le fossé socio-économique entre riches et pauvres s'est énormément creusé. Il devrait être évident pour les Congolais que les autres ne sont pas émotionnellement prêts à les aider à réparer les failles de leurs structures sociales et de leur modèle économique car ils en profitent grandement et la plupart des dommages y sont retenus ou leur sont transmis.

Alors que le covid-19 et l'invasion russe de l'Ukraine ont stupéfié de nombreuses économies développées, il appartient aux Congolais de franchir le pas et de poursuivre le noble objectif de devenir des économies à haute valeur, c'est-à-dire un écosystème à revenu élevé pour ses citoyens. Le marché mondial est le grand océan à conquérir. Il faudra au lieu de la géopolitique, l'obsession doit être la géoéconomie qui prend en considération les potentiels humains tout en ajoutant un assaisonnement de ressources naturelles utilisées comme cibles pour les appétits haut de gamme au-delà de la région.

Le marché mondial étant un grand océan, les Congolais auront leur juste part de bosses dans l'eau et de rencontres avec des vagues agitées. Comme la Chine lorsqu'elle a fait ses premiers pas sur le côté droit de l'autoroute, il y a un besoin de maîtres-nageurs chevronnés de diverses spécialisations pour nous apprendre à nager, surmonter notre peur, notre naïveté, notre ego et finalement conquérir le monde dans le processus. Soyez assuré qu'il existe de nombreux ressortissants congolais de haut niveau et intègres dans ce domaine qui peuvent non seulement accompagner la transformation mais aussi veiller à ce que nous la réalisons.

L'industrialisation n'est pas synonyme de modernisation au XXIe siècle

Dès le début de l'ère postcoloniale, de nombreux pays en développement d'Asie, d'Afrique et d'Amérique latine ont cherché à s'industrialiser selon des plans profondément ancrés dans les notions d'économie coloniale professées à leurs élites qui étaient pour la plupart des pseudo-intellectuels. Tous aspiraient à être des modèles de développement pour les sociétés du tiers monde. Très peu, cependant, ont pu atteindre des records de développement économique. Il va sans dire que la RDC n'en fait pas partie.

Pour une nation, ce n'est pas la taille du vœu qui détermine le succès. L'expertise de ses élites et contre-élites en termes de dissection et de réajustement aux tendances sociales et économiques mondiales compte beaucoup.

L'édification d'un état n'est pas seulement une manœuvre gouvernementale, mais des moyens par lesquels les moyens de subsistance des citoyens peuvent être mieux transformés. Elle ne peut être mise en œuvre que par des réformes sociales et politiques, un changement d'institutions puis de culture afin d'assurer la croissance des capacités d'innovation.

Aujourd'hui, l'industrialisation est devenue l'une des retombées d'un des corridors qu'un pays peut choisir pour orienter les moyens de participation des individus vers l'actualisation de son économie. Mais c'est devenu un arrêt au stand rare vers la véritable destination qui est l'amélioration du niveau de vie des citoyens. Malheureusement, là où un élément de choix existe clairement, il reste le consensus dans les esprits du tier monde que la seule voie viable pour sa modernisation est l'industrialisation, particulièrement à travers une économie agraire.

Les âmes congolaises sont désireuses de résoudre les problèmes sociaux maintenant tout en maintenant un étiquetage et des structures obsolètes et toxiques. Tous les sorciers en herbe s'appuient volontiers sur des pensées avariées pour orienter la nation. Pire encore, la nation tout entière semble ignorer qu'au XXIe siècle, industrialisation n'est pas synonyme de modernisation.

Il existe plusieurs voies vers la modernité. Cependant, dans le monde développé, qu'il soit basé sur l'économie de marché ou sur un modèle centralisé sous l'égide de l'État à parti unique, les élites politiques jouent un rôle majeur dans l'organisation du crédit financier aux particuliers et aux entreprises, la préparation et la coordination des booms économiques et la restriction de l'accès des étrangers aux marchés nationaux au profit de l'entrepreneuriat local. Dans le monde en développement, c'est le contraire ou rien de tel ne se produit la plupart du temps.

De toute évidence, la RDC est vraiment en retard sur les pays développés en termes de technologie et d'ingénierie technique et encore plus en termes de bien-être social et de sécurité économique de ses citoyens. La base conceptuelle des tentatives est source de monceaux d'échecs et de gâchis administratifs et financiers. Les Congolais vivent au XXIe siècle mais avec des schémas and appétits médiévaux. Avec plus de 50% des entités et organismes publics à anéantir, la duplicité dans l'État à tous les niveaux monte en flèche pour satisfaire les appétits politiques, on peut relier tous les villages de la RDC par route, bac ou train et les raccorder à l'électricité, c'est encore une fois de plus mettre la charrue avant les bœufs ou esquiver le vrai défi. Cette gymnastique ne résoudra rien d'essentiel sauf la disponibilité à exploiter sinon abuser les pauvres et les naïfs. Jetez un œil à Cuba pour preuve.

La RDC n'a pas besoin de s'industrialiser mais plutôt de se moderniser. La modernisation ne consiste pas seulement à remplacer des équipements ou à rénover des usines. Il s'agit d'atteindre une compétitivité de l'ensemble du pays et un éventail suffisamment large de secteurs bien rémunérés pour assurer un développement durable et une place qu'il mérite parmi les nations les plus prospères. Pour cela, la RDC a besoin de personnes disposant de moyens modernes de participation ou d'engagement dans le commerce ou l'entreprise, de compétences hautement qualifiées et motivées incluses dans un système de sécurité sociale et économique. Il ne s'agit donc pas seulement de moderniser l'économie seule, mais la société dans son ensemble.

Va-t-on moderniser en imitant ou en innovant ? Emerger sous la tutelle de l'État « incubateur » et « accélérateur » ? L'incapacité générale à répondre aux exigences pratiques et à traduire les découvertes en produits commerciaux sont parmi les principales raisons de sa crise et un facteur majeur de ralentissement de la transformation de l'économie nationale. De nombreuses conditions telles que la liberté de créativité, la concurrence, l'accès au crédit, la science, l'éducation ciblée sur les industries à hauts salaires sont indispensables pour rentabiliser les capacités du potentiel créatif congolais.

Il y a un YouTube sur la fabrication d'une bombe nucléaire. Comment se fait-il que toutes les nations n'aient pas fait cela ? Une expertise adéquate et une détermination nationale avérée sont essentielles. Les deux sont ce que nous manquons ou négligeons dans notre aspiration socio-économique nationale. En d'autres termes, nous devrions viser à multiplier les parcs et les centres d'innovation plutôt que les parcs industriels à travers le pays. Il y a beaucoup de biens immobiliers publics autres que suffisamment d'écoles et d'universités publiques prêtes pour cela. Le défi est de savoir comment attirer des instructeurs hautement qualifiés pour apprendre aux Congolais à copier afin qu'ils puissent plus tard écrire de beaux poèmes.

On peut se permettre de se poser la question du financement de ces écosystèmes. C'est là que les ressources naturelles peuvent effectivement être une des épices du développement de la nation. Et donc, le code minier congolais peut être calibré dans ce sens de manière asymétrique avant que certains laboratoires avancés ne découvrent comment fabriquer ce qui était autrefois des ressources naturelles rares à partir d'ingrédients bon marché, comme ce fut le cas avec les diamants.

Le programme éducatif congolais devrait être orienté pour élever la qualité de la poursuite individuelle de l'amélioration de leurs expériences et des autres humains en produisant des têtes bien faites capables de s'arrêter, de raisonner, de produire des idées qui ne sont pas nécessairement physiquement utiles à première vue. Ces manœuvres ébranlent la curiosité et l'errance cérébrale pour résoudre les problèmes localement avec une vision globale en toute solennité. Après tout, la sophistication des motivations, des aspirations, des rêves et des objectifs des citoyens précède la modernisation d'une nation.

Il est nécessaire de passer d'une économie de produits de base ou d'une économie d'exportation de produits de base à une économie innovante. L'économie moderne est basée sur la créativité humaine. La créativité est devenue la principale source d'avantage concurrentiel. A ce stade, la voie du développement de rattrapage est essentiellement fermée aux Congolais. L'emprunt technologique est possible et essentiel, mais il ne rapportera que des avantages à court terme. Par malheur, au XXIe siècle, pour la RDC, le modèle de développement en innovant tout en imitant les splendides chefs-d'œuvre, pas les voix ou les sourires, et en appuyant à fond sur la pédale d'accélérateur des incubés n'a pas d'alternative.

Prédateur aujourd'hui, esclave demain

Lors d'un rassemblement, l'un des candidats à la présidence du Kenya en 2022, M. Ruto, a promis que s'il était élu président, son administration augmenterait les investissements dans l'élevage afin que le Kenya puisse vendre ses produits à la RDC, arguant que les Congolais n'ont pas de vaches et doivent même importer du lait. Bien que les remarques aient été faites à des milliers de kilomètres de là, elles ont suscité l'indignation en ligne dans toute la RDC, sinon dans toutes les âmes congolaises du monde.

Pendant ce temps, le Rwanda a ouvert sa première raffinerie d'or, avec une grande partie, sinon la totalité, de cet or qui proviendrait de la RDC. Quant à l'Ouganda, son administration revoit rapidement les protocoles économiques existants avec Kinshasa pour garantir un accès sans restriction à toutes les ressources de la RDC. Quant à la Tanzanie et au Burundi, ils ont signé des projets d'infrastructures de plusieurs milliards $, ciblant l'immense marché de la RDC.

L'entrée de la RDC dans le bloc EAC apporte avec elle des monts de minéraux et avec une population d'environ 90 millions d'habitants, fournit un énorme marché de consommation pour lequel les économies de l'EAC se bousculent.

Il y a aussi la Zambie qui a déclaré qu'il était temps d'exploiter le marché béant de la RD Congo. Le président Hakainde Hichilema a déclaré que la RDC voisine est une ressource inexploitée qui recèle un énorme potentiel pour la croissance des entreprises zambiennes. Il a exhorté les agriculteurs et les fabricants zambiens à augmenter leur production alors qu'ils se préparent à exporter vers la RDC.

Et ce ne sont que des voisins à l'est.

Comment l'économie mondiale dépend de l'Amérique

L'Amérique est le plus grand marché du monde jusqu'à présent. L'économie américaine contribue à environ 30% de l'économie mondiale. Ainsi, ses consommateurs sont très importants. Lorsque les consommateurs américains commencent à acheter, le monde entier commence à vendre. Même les entreprises chinoises prévoient de développer leur économie en vendant aux consommateurs américains.

Étant donné que les marchés de consommation américains sont si importants pour les autres pays, tout le monde veut offrir aux clients américains la meilleure offre. Dans leur tentative d'offrir la meilleure offre aux consommateurs américains, il est important de réaliser que la force de la devise américaine se fait au détriment du reste du monde. L'Américain peut simplement produire des dollars quand il en a besoin. Cependant, le reste du monde doit échanger sa monnaie contre le dollar. Cela fait que aucune autre monnaie au monde n'a autant d'influence que le dollar américain.

Lorsque la Réserve fédérale américaine augmente les taux d'intérêt pour freiner l'économie américaine dans le but de contrôler son inflation, les autres économies sont obligées d'augmenter leurs taux d'intérêt pour rester compétitives. C'est parce qu'une grande partie du capital flottant dans le monde vient d'Amérique. Par conséquent, lorsque l'Amérique augmente les taux d'intérêt, les rendements domestiques deviennent plus attractifs. En conséquence, les fonds d'investissement commencent à liquider leurs investissements, obligeant les autres pays à augmenter leurs taux d'intérêt s'ils veulent rester compétitifs.

En bref, en tant que groupe de parties prenantes, les consommateurs américains sont bien plus puissants que tout autre groupe de consommateurs dans le monde. Leurs décisions ont un impact énorme sur le bien-être financier du reste du monde, faisant de chacun un esclave de ses caprices.

Yeux d'aigle

Dans les manuels, la dépendance économique fait référence à la dépendance économique d'une personne, d'une entreprise, d'un pays ou d'une entité vis-à-vis d'une autre. Dépendance étrangère, la structure de pouvoir mondiale dans laquelle les pays les plus faibles dépendent économiquement des pays les plus forts, ce qui conduit les pays les plus forts à exercer un contrôle significatif sur le comportement économique et politique des pays les plus faibles.

Par des yeux plus gros que leur ventre ou par leur orgueil, et par le fait que leur manque d'humanisme dans leur imagination pour la croissance économique nationale qui signifie qu'ils comptent tous sur les flux monétaires non africains pour maintenir leurs régimes en place ou pour que leurs cliques préservent l'illusion de l'opulence, les pays voisins de la RDC deviennent de plus en plus dépendants du commerce avec elle, ou sont sur le point de devenir. Donc, ils n'ont pas d'autre choix.

Pour les Congolais, tous les appétits prédateurs de leurs voisins créent de la paranoïa, pour ne pas dire une peur terrible. Ce sentiment est justifiable lorsqu'on regarde la situation à court terme. Mais à long terme, ils ne devraient pas s'en inquiéter, mais plutôt l'encourager car aujourd'hui les prédateurs finiront par devenir des esclaves.

Si les pays voisins vont de l'avant avec ce qu'ils perçoivent comme de grands plans machiavéliques, la RDC est susceptible d'avoir une influence croissante sur leurs économies et leurs politiques, ce qui pourrait saper les progrès réalisés par ses voisins dans leurs stratégies pour continuer à être ou à parrainer des fauteurs de troubles, en particulier, en particulier dans l'est de la RDC.

Un accord gagnant-gagnant est toujours une farce coûteuse pour les faibles

Les économistes soutiennent depuis longtemps, et à juste titre, que les échanges commerciaux apportent des avantages à toutes les nations concernées. Ils avouent aussi que les accords commerciaux et compromis entre nations crée des **perdants** ainsi que des **gagnants**. Compte tenu du rôle de ces rôles, les politiques économiques sont importantes.

Les économistes soutiennent depuis longtemps, et à juste titre, que les échanges commerciaux profitent à toutes les nations concernées. Ils reconnaissent également que les compromis des accords commerciaux entre les nations créent des perdants ainsi que des gagnants. Etant donné les conséquences de ces rôles et étant donné que chaque nation veut être le vainqueur et le maximum, emballant dans le capitalisme, la répression de la naïveté et des remords dans le calibrage de ses politiques économiques est importante.

D'une part, une augmentation de la pénétration des importations peut être responsable des pertes en RDC. D'autre part, cela augmentera encore l'emploi dans d'autres secteurs, tels que les services. Il est donc important de savoir comment gagner et pourquoi on perd, de combien et dans quelles circonstances.

Il y a de quoi s'arrêter et se regarder dans le miroir. On serait, pour toutes les bonnes raisons, dégoûté par la motivation primitive des gens qui font des affaires, font des compromis, signent des accords au nom de la nation. Les Congolais peuvent continuer à être les perdants comme ils le sont depuis plus longtemps s'ils ne comprennent pas et ne se préparent pas à être les bénéficiaires d'arbitrages complexes entre différents nations ou groupe des nations, différentes habitudes et différentes échelles de temps.

Il convient de noter que les évolutions technologiques, et en particulier l'**informatisation**, contribuent pour beaucoup au XXIe siècle à l'augmentation des salaires des travailleurs qualifiés par rapport aux travailleurs non qualifiés. En effet, une demande accrue pour les professions exigeant des compétences en informatique a contribué à l'augmentation de la prime à la compétence. En outre, la concurrence accrue des importations entraîne une amélioration des compétences.

Les preuves plus larges suggèrent que les consommateurs à faible revenu bénéficient davantage des baisses de prix induites par le commerce que les consommateurs à revenu élevé, car une part plus élevée de leur revenu est dépensée en biens échangés. Cependant, en tant que pays à faible revenu avec un taux de chômage élevé, ce n'est pas un voyage si facile. En plus, le faible revenu reflète le niveau de compétence et ils font face à une plus grande concurrence des importations.

Élaborer une bonne politique commerciale pour qu'une nation assiégée devienne le maître est compliqué. La prospérité à long terme des Congolais nécessite un **ajustement à des secteurs plus compétitifs, à plus forte croissance et à revenus plus élevés**. Ceci est facilité par des politiques visant à s'attaquer aux facteurs qui entravent le développement de nouvelles activités et peuvent parfois nécessiter également une vision axée sur des secteurs spécifiques. Celle-ci devrait également aborder les compétences et la formation des personnes nécessaires dans les secteurs émergents, ainsi que les besoins d'adaptation et de recyclage de l'état d'esprit et compétences des personnes affectées négativement et risquant d'être marginalisées.

Pièges remodelés

La capture, la vente et l'achat d'êtres humains est un commerce qui existait dans le monde entier depuis l'Antiquité et était également universel. Tout le monde dans ce qui est maintenant considéré comme une transaction abominable se souciait moins de la couleur de la peau que de l'état de la marchandise.

Au XVe siècle, des méchants africains comme le roi *Diogo* ont joué un rôle déterminant dans l'africanisation de cet horrible commerce. Leurs actions conduisent finalement à l'extinction de la notion que les Noirs sont humains. Ainsi, les Européens n'éprouvaient aucune gêne lorsqu'ils achetaient des Africains en cage et étaient vendus par d'autres Africains. Il y a aussi *James Chuma* et *Abdullah Susi*, tous deux Africains comme tant d'autres au XIXe siècle, qui n'ont toujours pas reçu les éloges déshonorants pour avoir soigné et guidé des personnages sombres comme *David Livingstone* dans le Continent Noir ainsi que tant d'autres expéditions européennes du genre sur laquelle se sont établies les négociations et formalisations des revendications territoriales en Afrique par les grandes puissances européennes.

La **motivation** des exploitations économiques et sociaux du roi Léopold II ainsi que toutes les anciennes métropoles est restée la même au fil du temps. Après que les colonisés soient devenus des États indépendants et de multiples phases plus tard comme le parrainage d'êtres maléfiques et idiots pour gouverner les États africains, les arguments de politique économique coloniale sur lesquels les abus ont été perpétués ont finalement été recalibrés pour réduire la culpabilité morale des citoyens des anciennes métropoles.

Les accords commerciaux d'aujourd'hui entre les États-Unis, ou la Chine, la Russie et l'Afrique, rappellent étrangement l'ère de la conquête coloniale dans la façon dont ces nations ont jeté leur dévolu sur les immenses richesses de l'Afrique. Compte tenu des acteurs et des facteurs ci-dessus, l'annonce de l'entrée de la RDC dans la loi sur la croissance et les opportunités en Afrique (AGOA) ou tout autre programme de ce type devrait faire grincer des dents tous les Congolais.

La rhétorique de la bienveillance américaine et du souci du bien-être des Congolais en accordant des préférences commerciales pour l'entrée aux États-Unis de certaines marchandises en provenance de la RDC afin de stimuler son économie nationale en encourageant les exportations est profondément et dangereusement trompeuse. Pour démystifier cette notion, nous devons nous poser les vraies questions : L'AGOA pourrait-elle transformer la RDC en une économie à haute valeur ajoutée, ou faciliter l'extraction et l'exploitation ?

Dès le début du jeu, il convient de noter que le président américain se réserve le droit de réévaluer chaque année l'éligibilité de chaque pays à l'AGOA. De plus, comme elle oblige ses bénéficiaires à supprimer les barrières à l'investissement américain, la balance commerciale est fortement en faveur des États-Unis. C'est que la RDC doit aller vers « l'élimination des barrières au commerce et aux investissements américains », ouvrant les marchés congolais à un flot de marchandises américaines qui minent inévitablement l'industrie locale.

Cet arrangement est également conçu pour faciliter l'extraction de pétrole et de minerais par les entreprises américaines opérant en Afrique. Par exemple, dans le cadre de l'AGOA, 99 % de toutes les exportations de l'Angola, du Nigeria, du Botswana et de tous les autres pays riches en pétrole et en minéraux sont liées à l'énergie. Comme elle ne stipule pas que les entreprises exportatrices doivent être congolaises, et surtout que tout le pétrole de la RDC et la plupart de ses minerais sont contrôlés par des entreprises occidentales et anglo-américaines, il ne s'agit guère d'un arrangement destiné à profiter aux entreprises congolaises.

Tour d'horizon du talon d'Achille de la création d'emplois en RDC, et surtout bien rémunérés. Ce programme n'exige pas que de nouveaux emplois reviennent aux nationaux tout en encourageant le développement des zones franches d'exportation (EPZ) alors que les lois du travail sont risibles et que les salaires des nationaux sont horriblement dégoûtants. On peut déjà prévoir que les emplois qu'elle pourrait créer pour les Congolais seront profondément humiliants socialement et économiquement. Déjà ailleurs, des ateliers clandestins asiatiques se déplacent déjà en Afrique pour profiter de l'AGOA.

Les États-Unis, comme la Chine ou les Européens, se soucient moins du bien-être des Congolais que de la satisfaction de leurs propres besoins énergétiques et de la promotion des intérêts de leurs entreprises. Grâce à l'AGOA, les Américains envoient un signal fort et visible qu'ils ne veulent pas perdre leur part ou rater une bonne chance d'obtenir une autre part du magnifique gâteau congolais. Elle n'est rien d'autre qu'un piège refaçonné pour l'auto-sujétion des Congolais aux profits des caprices des Américains, ce qui retarderait davantage la maturité sociale et économique de leur nation.

Et si l'impossible pouvait arriver ? Au lieu de transformer la nation en un grand **batey**, l'AGAO devrait plutôt contraindre une société américaine comme Telsa Inc. à implanter une usine de batteries de voitures électriques en RDC. Malheureusement, les Congolais, comme tout pays du tiers monde, manquent de moyens de qualité pour participer à une entreprise ou à un dialogue moderne. En Angola, par exemple, la plupart des ingénieurs d'Exxon sont américains.

Tout le monde est d'accord que le financement est essentiel à l'action climatique, en particulier pour les pays les plus pauvres et les plus vulnérables du monde. Les pays les plus grands pollueurs ont tendance à donner la priorité aux projets d'atténuation plutôt qu'aux projets de financement visant à renforcer la résilience et à réduire la vulnérabilité aux impacts du changement climatique afin de tirer davantage parti de la réserve d'argent. Dans les phases de changement social, économique et politique du XXIe siècle, nous avons un petit nombre de nations avec une forte concentration en Occident qui sont bien adaptées à la nouvelle division du travail qui explose tandis que le reste avec une surreprésentation des pays africains meurt.

Les Congolais pourraient exiger que tous les investissements étrangers dans le pays soient limités pendant une période donnée à la main-d'œuvre locale et exiger des investissements dans les capacités locales là où elles se trouvent. Il faudrait trop de temps pour répondre aux normes mondiales nécessaires. La motivation et/ou la naïveté des Diogos, Chumas et Susis actuels qui comptent aussi dans la diaspora et les personnes qui n'ont jamais parcouru 10 mètres de leur patrie constituent un autre blocage à toute mesure audacieuse.

Ce qui rend les slogans gagnant-gagnant comme l'AGOA si attrayants, c'est que les tiers-mondistes n'ont aucune intention de déchiffrer où se trouve le piège. De plus, leurs centres de connaissances s'obstinent à cultiver la notion primitive et élitiste de la motivation humaine en produisant des têtes pleines d'informations pour la plupart dépassées, encore à la mode pour répondre aux questions avec arrogance. De plus, les écoles de formation professionnelle ne sont pas la solution car les travailleurs sont déversés à grande vitesse dans un écosystème où l'État lui-même est le tueur en série numéro un de l'entrepreneuriat et le commerce est un autre faux pas à grande vitesse.

Il faut aussi compléter l'analyse en distinguant toutes les informations qui contribuent à donner du sens aux débats sur les pays pauvres. Il ne s'agit pas ici d'incompréhensions entre les principes des pays développés et les perspectives des pays pauvres qui conduisent très souvent au développement de préjugés mais plutôt de péchés et de lâchetés.

Quand il s'agit de l'hémisphère nord et sud, il est abusif de parler de destin commun. Les intérêts et les moyens des nations divergent fortement. L'urbanisation agressive, les conditions sanitaires, le chômage etc. dans le tiers-monde ne permettent de supporter que les conditions de vie des plus démunis avec l'approche néolibérale occidentale.

Le modèle de société réinventé au XXe siècle de la révolution industrielle occidentale s'est construit sur l'idée de permettre à tous les citoyens de bénéficier assez nettement de l'amélioration des conditions de dans une nation déclenchée par la mondialisation. Dans le tiers monde, cette prospective est complétée par l'idée que le progrès moral conduit au progrès social avec des préjugés d'esprit colonial. Cette logique conduit au fil du temps à ignorer les écarts grandissants entre les gagnants et les perdants de la mondialisation, tout en poursuivant la diffusion des innovations aux contours des pays pauvres, renforcé par les politiques interventionnistes des États forts contre des êtres vivants dans l'hémisphère sud considérés comme stupides et immatures.

Quand les économistes Congolais falsifient le keynésianisme et les argentiers font du monétarisme un blasphème

Le temps peut changer la signification contextuelle tout en gardant l'intention intacte. Pendant si longtemps, le monde a été nourri de nombreux mensonges pour sécuriser les constructions sociales. De nombreux dénigrements ostentatoires ont été acceptés comme vérité. Leur longévité est née de la complaisance dialectique des paysans modernes et de l'orgueil des soi-disant grands intellectuels. Ceux qui, hier, nous lançaient la macroéconomie pour nous éblouir, font resurgir des termes de jonglage tels que leadership, industrialisation et état de droit.

Dans toutes les démocraties occidentales, l'impact de la pandémie de coronavirus a contraint les gouvernements de diverses tendances idéologiques de l'économie politique à déchaîner des incitations fiscales sur leurs entreprises sinistrées. Cela montre à quel point les prescriptions de John Maynard Keynes pour les crises économiques persistent avec nous. Il était un penseur social préoccupé par les grands enjeux de son temps. Mais ses valeurs sociales étaient essentiellement radicales. C'était un homme gay qui était très à l'aise de vivre contre les normes sociales de son temps.

Défiant Keynes et la plupart des établissements universitaires de l'époque, Milton Friedman a déclaré qu'à long terme, une croissance monétaire accrue fait monter les prix mais n'a que peu ou pas d'effet sur la production. À court terme, a-t-il soutenu, une augmentation de la croissance de la masse monétaire entraîne une augmentation de l'emploi et de la production, et une diminution de la croissance de la masse monétaire a l'effet inverse.

Friedman et Keynes avaient des opinions sociales différentes. Ils ne se contentaient pas de se disputer par des astuces politiques qui produiraient le mieux le même résultat social et économique souhaité. Ils se disputaient sur le genre de monde dans lequel ils voulaient vivre. Pour Keynes, champagne et gaieté pour tous ; tandis que pour Friedman, la joie de vivre est un luxe réservé aux riches. Dans le tiers-monde, la mathématisation de l'économie au XXe siècle occulte bien ce profond conflit idéologique.

On pourrait facilement se demander ce que Keynes et Friedman avaient à voir avec la RDC ?

Keynes a recommandé que le gouvernement engage des dépenses déficitaires pour compenser la baisse des investissements et stimule les dépenses de consommation pour stabiliser la demande. Autrement dit, il a proposé que le gouvernement dépense plus d'argent, ce qui encouragerait les gens à dépenser plus dans l'économie. Cela conduirait à son tour à une augmentation de l'activité économique, dont le résultat naturel serait une réduction du chômage. Friedman est d'accord avec l'idée, mais à court terme.

Ce ne sont pas seulement Keynes ou Friedman qui ont tort, mais il n'y a pas de relation entre l'inflation et le chômage ni même un impact sur l'entrepreneuriat lorsque des millions $ de la réserve stratégique nationale de change sont donnés à des étrangers qui les expédient rapidement hors du pays. Le procès sur les travaux du programme d'urgence de 100 jours du président Tshisekedi et le combat humiliant de l'ancien Premier ministre Matato Ponyo pour ne pas se retrouver derrière les barreaux démontrent une fois de plus comment les soi-disant économistes congolais falsifient le keynésianisme et les monétaristes font du monétarisme un blasphème.

Etant donné l'état archaïque et confus de notre économie, avec le jackpot dans le secteur informel, ni le keynésianisme ni le monétarisme ne sont réellement pertinents, toujours désireux de stabiliser la pauvreté comme toujours. Mais alors, née de ces péchés, les Congolais se fâchent de plus en plus contre la diaspora et les économistes. Pour commencer, à qui la faute si vous emmenez votre femme bien-aimée chez le dentiste pour accoucher ? Et cela simplement parce qu'il y a un badge de « docteur », « professeur » ou « PhD » quelque part autour d'un nom. Deuxièmement, les membres de la diaspora ne retournent dans leur pays d'origine que pour profiter des opportunités faciles ou de la naïveté de leurs compatriotes tout en répondant aux questions faciles.

D'autre part, les expatriés congolais, oui nous existons, honteux de la situation socio-économique de notre nation, ne voient d'autre moyen que de créer des opportunités ou de stimuler la créativité de nos compatriotes tout en apportant des solutions aux problèmes auxquels ils sont confrontés et applicable à toute l'humanité. Nous ne sommes pas tous pareils. Apprenons à discerner les compétences et jugeons par les lignes idéologiques adoptées au lieu d'être toujours éblouis par une caricature qu'une personne nous présente d'elle-même ou par le ton de ses chuchotements.

Nzimbu

Pour des raisons offensives qui alimentent des arguments élitistes construits les politiques publiques congolaises sont débattues sur la base de théories ou de concepts incompris et sans la participation de ses citoyens. Dans la plupart des cas, les décisions ou les projections sont le résultat d'impulsions politiques primitives d'un petit groupe ou d'instructions d'organisations internationales.

Le fait que le potentiel, le but, la contribution et l'innocence aient longtemps été falsifiés au détriment de l'identification nationale et individuelle aggrave les choses. Pour exorciser ces maux, les citoyens doivent d'abord savoir qui ils étaient, sont et peuvent être en tant que nation et individuellement au lieu de s'en remettre à tout instant au mépris camouflé de leurs anciennes métropoles qui, au lendemain de leur indépendance, ont enchaîné leur état d'esprit devant des miroirs déformés pour induire perpétuellement une autoidentification erronée.

Mauvaise cartographie

Les pensées dictent ce que nous vivons. Des congolais de tous horizons, des soi-disant géants intellectuels aux plus analphabètes, se font l'écho de la question déroutante « pourquoi la RDC est-elle un pays riche, mais ses habitants sont-ils extrêmement pauvres ? ». Toutes les réponses sont aussi entachées que la question elle-même. Jusque-là, les méthodes de jauger si un pays riche ou pauvre servent à confondre et à prolonger les hallucinations. L'environnement de comparaison entre une économie avancée et une économie en développement ou une nation du tiers monde présente moins de scepticisme. La simplification appropriée est qu'il y a des pays à faible revenu et des pays à revenu élevé.

Le potentiel réel et méconnu de la nation par les Congolais est ses plus de 90 millions de cerveaux. Plus de 1% de la population mondiale est congolaise et vit dans ce sous-continent. Il existe de fausses indications sur les coupables de la pauvreté généralisée. La honteuse stagnation sociale et économique est accentuée par le fait que s'y ajoute le taux de chômage. Des caractéristiques telles que des soins de santé et une éducation médiocre s'ensuivent et persistent.

Il est curieux de savoir pourquoi une nation comme la RDC ciblerait l'agriculture, le secteur à très faible revenu, au lieu du secteur des services, en utilisant la tête, qui est la plus pénible et la moins récompensée en termes de revenus ? L'obsession des institutions publiques et des dirigeants politiques de trouver comment augmenter les revenus de l'État qui ne remplissent que le ventre de l'élite médiocre et paresseuse et alimentent leur illusion d'opulence au lieu de privilégier la sculpture cérébrale assombrit toutes les motivations congolaises.

Passé intellectuel enfoui

L'apport de l'Afrique noire mis en avant se résume à la puissance musculaire. Quant à la RDC, ses ressources naturelles sont plus appréciées et valorisées, mais toujours pas de cerveaux.

Déjà au XVe siècle, les Congolais étaient conscients du concept fascinant de la coïncidence des besoins qui est un phénomène économique ou une occurrence remarquable d'événements ou de circonstances où deux parties détiennent chacune un bien ou un service que l'autre désire ; leur moyen d'échange, l'argent, n'était pas non plus primitif. Pour d'autres qui se revendiquent comme des êtres supérieurs, c'est un concept jugé trop sophistiqué pour les Africains quand on y injecte la notion de régulation des dépenses publiques.

Le terme **nzimbu** ricoche sur les airs de rumba congolaise sans révéler sa perspicacité intellectuelle. Il avait cours légal au Royaume du Kongo, utilisé pour acquérir un produit ou un service. Au 16ème siècle, il est enregistré que le taux de change de 1 *nzimbu* était de 1 *reis* (monnaie du Portugal). Il convient de noter que ce n'était pas seulement un moyen d'échange, mais aussi la principale source de richesse et de commerce avec d'autres nations et aussi pour réguler les dépenses du gouvernement.

Ceci démontre que les Congolais étaient éclairés sur un pied d'égalité avec leurs contemporains européens sur la mécanique de la monnaie et d'autres notions d'économie politique.

De plus, il y a le plus ancien objet connu contenant des gravures logiques, **Ishango**, caché ces jours-ci au 19e étage de l'Institut royal des Sciences naturelles de Belgique à Bruxelles et ne peut être vu que sur demande spéciale. Cet objet pourrait indiquer que les femmes de Rutshuru, en RDC, sont les premières mathématiciennes au monde.

L'innocence falsifiée

En parlant de femmes, pour 3 *nzimbu* on pouvait en avoir une, une esclave, au XVe siècle.

L'histoire de *Kunta Kinte*, un Africain du XVIIIe siècle, capturé adolescent, vendu comme esclave en Afrique, transporté en Amérique du Nord continue de captiver des millions d'âmes à travers le monde comme le péché des hommes blancs. Les faits historiques indiquent que les véritables coupables monstrueux sont plus susceptibles d'être des personnes qui lui ressemblaient.

Bien sûr, l'appétit et la passion des Européens pour la traite des esclaves étaient une bête d'un genre différent. La vérité écœurante est qu'entre les XVe et XIXe siècles, des hommes, des femmes et des enfants africains ont été capturés au combat ou kidnappés, enchaînés, torturés, traînés sur des kilomètres et des kilomètres, transportés de l'intérieur de l'Afrique vers les marchés côtiers et vendus par d'autres Africains, marchands et dirigeants, aux Européens. Sur le front oriental actuel de la RDC, des créatures africaines comme *Ngongo Lutete*, et du côté occidental, l'orientation de développement économique du roi *Diogo* sont parmi ceux qui ont conduit à la chute de la notion que les Noirs étaient humains. Et près de la moitié de tous les captifs transatlantiques viennent d'Afrique centrale.

Dans le crime horrible de la colonisation européenne de l'Afrique qui a la même implication néfaste et durable que la traite des esclaves, de nombreux Africains leur ont montré la voie et ont recraché nos animosités culturelles et nos carences tactiques.

La planche a billet

En RDC, pour ceux qui sont au sommet, tout comme ceux qui sont au milieu de la pyramide socio-économique en RDC, soit nous avons le dollar américain, soit rien de significatif en Franc congolais. Et les pauvres sont inhumainement pauvres. La dollarisation de notre économie est essentielle au fonctionnement efficace d'un système monétaire offrant un climat entrepreneurial, économique et d'investissement stable et sûr quand l'on compare à notre monnaie. Le dollar américain remplaçant la monnaie nationale comme réserve de valeur, les individus substituent consciemment ou inconsciemment le franc congolais à un dollar américain afin de protéger le pouvoir d'achat de leur revenu monétaire. Cela nous aide à ne pas souffrir d'une réduction du pouvoir d'achat sur une courte période de temps par rapport à la façon dont les choses étaient devenues incontrôlables très rapidement auparavant.

Pour certains aujourd'hui, le retour à « planche à billets » ou créer de la monnaie ex-nihilo, c'est-à-dire sans création de richesse correspondante, apparaît comme un remède miracle à la crise sociale et économique de la RDC. Et la plupart des congolais sont très convaincus que l'inflation est due au fait qu'on a créé trop de monnaie à un moment donné, c'est qui est archifaux. Si on prête un peu d'attention à notre passé et présent on déchiffrera que l'inflation est dans la plupart des cas provoquée par une pénurie liée à un conflit, le plus souvent chacun cherchant à se procurer le peu de choses disponible à n'importe quel prix, ou bien par le retrait massif de capitaux étrangers qui est généralement lié à une crise politique. Et donc, dans l'immense majorité des cas, ce n'est pas la « planche à billets » qui provoque l'inflation, c'est l'inflation qui oblige à accroître la production de billets.

Dans le monde développé, lors d'une crise, un État qui veut faire tourner l'économie de son pays doit inciter les individus à consommer. Plus d'argent disponible équivaut souvent naturellement à plus de dépenses. Ainsi, on tente de stimuler la croissance et l'augmentation de l'investissement. C'est ainsi qu'un État demande de l'aide à la banque centrale pour relancer son économie ou pour racheter alors les dettes publiques de l'État et ensuite produit de la monnaie fiduciaire qu'elle va donner aux banques. Celles-ci pourront par la suite prêter davantage aux ménages, aux petits et grands acteurs économiques, et aux petites et grandes entreprises, afin que la consommation reparte plus vite à la hausse. L'exemple plus récent, pour lutter contre la crise économique déclenchée par la covid-19, les États-Unis ont créé de nulle part trois mille milliards $ et envoyé un chèque de mille dollars à chacun de ses habitants. Cela n'a pas engendré une inflation. Le ciel n'est pas tombé.

Puisque notre système bancaire, comme l'ensemble de l'économie, est archaïque, le danger de créer un tas de liquidités sans déjà une éponge sociale et économique moderne. La **planche à billets** est plus un poison qu'un remède pour le cas de la RDC. L'utilisation de la planche à billets a souvent de grosses répercussions qui deviennent de plus en plus épaisses au fil des jours comme sous l'ère du feux président Mobutu.

Évolution morale obligatoire

Le fait que les Congolais ne voient aucune humanité dans celui qui lui ressemble crée l'indifférence qui a alimenté la traite des esclaves, la colonisation et la dictature dans le passé et maintenant les guerres civiles. Et pourtant l'histoire nous enseigne quand des étrangers détectent que les gens ne voient pas l'humanité en qui ils sont et puisqu'il n'y a pas de free riding ou de fair-play dans la compétition mondiale, ils les exploitent tous.

Pour sortir du cycle cruel, les Congolais en RDC et à l'étranger doivent prendre conscience que les Congolais en RDC sont malgré leurs efforts par le simple fait qu'ils sont en RDC. Premièrement, parce qu'ils vivent dans un pays à faible revenu. Et ils ont la capacité d'être bons citoyens si les motivations culturelles, sociales, politiques et économiques de la nation rattrapent les normes du XXIe siècle. Pour preuve, les mêmes Congolais dès qu'ils émigrent dans un pays à revenu élevé comme l'Allemagne ou les États-Unis, connaissent un changement total et soudain de la qualité de vie en raison de l'accent mis par ces nations sur la sécurité sociale et économique des tous à l'intérieur de leurs frontières. Malheureusement, les structures de base qui font la capacité et l'agilité des monétaristes ou de ces **quado** pertinentes dans ces pays sont inexistantes en RDC et dans l'âme des congolais désorientés.

Miser sur l'agriculture pour vaincre la pauvreté est absurde, au XXIe siècle

Une tête bien faite vaut-elle mieux qu'une tête pleine ? Cela vaut la peine d'être débattu. Étrangement, en RDC, la question commune que l'on se pose depuis peu après l'indépendance, vaut-il mieux avoir la tête bien faite que le ventre plein ? Et malheureusement, le ventre plein continue de faire consensus. Même sous l'abominable dictature de Mobutu, les gens se criaient dessus sur la question de l'autosuffisance alimentaire. Ainsi, comme toujours, on chahute autour du prix des denrées alimentaires au lieu de s'attaquer au taux de chômage et aux salaires. Il existe des astuces autour des zones industrielles au lieu d'alimenter la créativité locale dans des pôles d'innovation.

De nombreuses voix scandent que l'invasion de l'Ukraine par la Russie "pourrait" créer une crise alimentaire mondiale. Par le fait qu'elle perturbe la production agricole et le commerce dans l'une des principales régions exportatrices du monde, elle menace clairement de faire encore grimper les prix des denrées alimentaires et de créer des pénuries. Tout le monde pleurniche déjà pour les pays en développements.

L'économie, un sujet trop abstrait ? Dans le monde développé, elle imprègne leur quotidien, de l'évolution des prix au supermarché du coin à l'ouverture d'un compte bancaire, en passant par la recherche d'un job d'été, l'économie suscite de nombreuses inquiétudes.

L'économie suscite également de nombreuses inquiétudes chez les Tiers-Mondistes, mais les raisons et les implications sont très différentes, car la notion d'un supermarché local, pour ouvrir un compte bancaire, ou un emploi d'été pour les jeunes sont des concepts pour la plupart abstraits. Même dans les universités, fréquentées par des jeunes désireux d'acquérir le principe du fonctionnement des entreprises ou du commerce international, l'économie est présentée loin de leur réalité. Malheureusement, les trajectoires économiques des amés sur des terres qualifiées de pays en développement sont cartographiées ou projetées par des êtres à des kilomètres ou simplement là-bas avec leur conscience à des kilomètres. C'est ainsi que le consensus sur les conséquences d'une catastrophe mondiale sur eux est souvent dramatisé ou caricaturé.

En RDC, un certain nombre d'idées politiques sont avancées pour réduire la dépendance à l'égard de la Russie et de l'Ukraine, comme pour toute importation. L'intention de faire le système agricole et alimentaire de la nation plus résilient est présentée comme une nécessité absolue au-delà de cette guerre dans la perspective des menaces imminentes du changement climatique, de la rareté de l'eau et des conflits. Ceci sans considérer ou sans comprendre le point faible de l'économie nationale qui en fait une victime probable.

La loi d'Engels est l'approche appropriée pour décortiquer les implications d'une forte hausse des prix alimentaires et des pénuries induites par la guerre Ukraine-Russie, pour les Congolais en RDC.

Qu'est-ce que la loi d'Engel ?

La loi d'Engel est une observation en économie qui décrit la relation entre le revenu du ménage et les dépenses d'un bien ou d'un service particulier.

D'une part, cela indique qu'à mesure que le revenu familial augmente, la proportion du revenu consacrée à l'alimentation diminue, bien que les dépenses absolues consacrées à l'alimentation continuent d'augmenter. Le contraire devrait être clair ici.

D'autre part, la loi d'Engel soutient que les ménages à faible revenu consacrent une plus grande proportion de leur revenu à l'alimentation que ceux à revenu moyen ou supérieur. La consommation alimentaire représente généralement une grande partie du budget d'une famille pauvre, car les riches ont tendance à consacrer une plus grande partie de leurs revenus à d'autres articles, tels que les divertissements et les produits de luxe.

Traduire en juxtaposant le dilemme de la RDC

Lorsque nous relions les deux aspects ci-dessus dans un pays où le taux de chômage est déjà très élevé et où la plupart des gens vivent en dessous du seuil de pauvreté, le tableau est sombre. Et pour la RDC, l'aiguille du baromètre a peut-être été cassée il y a longtemps, à l'extrémité négative.

Il faut aussi admettre que les divertissements médiocres et les faux luxes sont pour les Congolais en RDC une manière d'apaiser la douleur de l'humiliation sociale et économique quotidienne. Cette pilule s'est également avérée être vraiment addictive. Par conséquent, les hausses des prix des denrées alimentaires et les pénuries ne peuvent qu'inciter davantage à consommer cette drogue.

La guerre russo-ukrainienne pose un grand défi à la sécurité alimentaire mondiale et des obstacles particulièrement difficiles pour la RDC pour des autres raisons que la plupart omettent de mentionner et que je me surprends à répéter tout le temps, les faibles revenus et le chômage élevé. Dans le cas où de mauvaises vagues atteignent la RDC, les impacts dépendront des réponses à l'humiliation sociale et économique continue subie par les Congolais à l'intérieur de ses frontières plutôt que des réactions à la hausse des prix des denrées alimentaires et les pénuries, qui a été le cas lors du drame mondial du covid.

La RDC pourrait atténuer ou surfer sur cet océan de douleur parce que l'économie nationale est déjà si primitive et le peuple congolais si peu pertinent dans le circuit mondial. Mais les chocs ou la paranoïa autour des événements majeurs comme la guerre russo-ukrainienne rappellent également la nécessité d'une réforme et des solutions à plus long terme. Nous ne devrions pas paniquer à propos d'éventuelles hausses des prix des denrées alimentaires ou de toute pénurie de produits, nous devrions plutôt perdre la tête à quel point nos poches sont vides ou le peu d'argent caché sous nos lits.

La bèche et la brouette ?

Des économistes français, les physiocrates, croyaient fermement que la richesse des nations ne provenait que de l'agriculture. C'était au XVIIIe siècle, le commerce des esclavages était une activité normale et surtout lucratif car les économies étaient essentiellement agraires. Leur contemporain Adams Smith dans son enquête sur la nature et les causes de la richesse des nations n'est pas tombé dans l'erreur de déclarer l'agriculture la seule occupation productive. Puisque le conflit à cette époque était plus une fixation qu'un désir, Smith aussi ne pouvait pas percevoir la valeur de la collaboration et de la créativité beaucoup plus que la compétition et l'intérêt personnel. Même si la voix de Smith fait encore écho avec une vénération exagérée dans le tiers monde plus que celui des physiocrates, cela ne pourrait pas être une preuve concluante qu'il a gagné la bataille idéologique qui n'a pas vraiment eu lieu.

Vers la même époque, le choc le plus direct des deux cadres idéologiques de l'économie politique pour peindre le monde convenait le mieux aux humains s'est produit sur « le nouveau continent ». Le contraste entre les physiocrates et Adams Smith est beaucoup moins conséquent aujourd'hui que la coexistence compétitive d'Alexander Hamilton et de Thomas Jefferson.

Les politiques économiques de Hamilton ont été conçues pour favoriser le développement du secteur manufacturier. Il croyait qu'une économie de marché florissante allait semer des opportunités pour tous et produire des humains philanthropiques, bien informés et entreprenants. Tandis que Jefferson préconisait une économie agraire. Pour l'avenir des États-Unis, il rêvait d'une société d'agriculteurs qui contrôlait leur destin.

Il y a plus de trois siècles, Adam Smith a donné plus qu'une indication de ce qui est relativement la richesse d'une nation. Sur le plan économique, les pays développés vivent clairement dans le monde d'Alexander Hamilton. Aujourd'hui plus que jamais, une nation ne doit pas parier sur l'agriculture pour son développement social, politique et surtout économique. Pour illustrer, Mao, le Grand Bond en avant a été le Grand Bond en arrière qui a gâché presque 100 millions de vie chinoises.

Sans les contributions de Hamilton, il aurait été pratiquement impossible pour les États-Unis d'apparaître comme une superpuissance au cours du XXe siècle. Et aujourd'hui aux États-Unis, Jefferson délire d'une république basée sur le fermier Yeoman qui maintient « le feu sacré » de la liberté et de la vertu personnelles est fortement subventionné, reçu plus de 22 milliards $ de paiements gouvernementaux en 2019, et submergé de cupidité.

L'UE triche aussi. Chaque année, le bloc de 28 pays verse 65 milliards $ en subventions agricoles.

Déjà en 2012, la Chine a fourni 165 milliards $ de subventions agricoles. Ce nombre a augmenté chaque année après.

Il faut dire que l'augmentation des subventions dans les pays développés n'est pas principalement due à la transformation économique plutôt par le confort financier apporté par des secteurs de haute valeur constamment vite ravitaillés par la qualité de créativité de leurs citoyens et de leurs triches.

À la congolaise

Léopold II est devenu extrêmement riche grâce au travail forcé des indigènes pour récolter et transformer le caoutchouc. Des millions de Congolais ont eu les mains coupées ou ont été tués faute de respecter les quotas requis.

L'un des facteurs clés des vagues d'indépendance des nations africaines dans les années 1960 était que la marge bénéficiaire dans les colonies diminuait à mesure que le coût du maintien d'une exploitation horrible augmentait au risque de faire de la colonisation une entreprise déficitaire. Les nègres commençaient à hésiter à travailler Pro Bono et il fallait des coups de fouet beaucoup plus compliqués pour les contrôler.

Bref, la colonisation a été lucrative pour les métropoles non pas à cause de l'abondance des matières premières dans leurs colonies, mais plutôt à cause du faible coût de leur extraction.

Par conséquent, on ne peut pas établir de parallèle entre la façon dont l'abondance des matières premières en RDC a profité à l'Occident pendant la colonisation et la façon dont elle devrait transformer cette nation aujourd'hui.

Pour en revenir au dialogue principal, mon grand-père était enseignant, mais sa famille comptait sur la ferme pour garder le ventre plein car les perspectives de profiter d'une tête bien faite ou pleine étaient si faible compte tenu de l'esprit de colonisation contre les indigènes. À cette époque, être agriculteur à temps plein avait plus de sens. Si l'histoire devait s'arrêter là, je dirais aujourd'hui avec beaucoup d'émotion que l'agriculture est la voie du développement.

En mettant de côté l'image romantique du marché aux puces une fois par semaine où les gens roulaient sur des *chukudus* avec une bête hurlante dessus, aimerais-je vivre aujourd'hui comme eux alors ? Sûrement pas. Même comparés à leurs contemporains dans la partie moderne de leur monde, mes grands-parents jouissaient de privilèges médiévaux et de besoins et aspirations limités.

Malheureusement, des millions de Congolais, comme tous les habitants du tiers-monde, sont physiquement ou émotionnellement coincés dans d'anciens niveaux et qualités de vie, créant un conflit entre ce qui est et ce qui devrait être humain au XXIe siècle.

Pour synchroniser la modernisation d'un pays, il faut d'abord élaborer une stratégie appropriée. Dès lors, orienter ce processus vers des référentiels modernes nécessite de décortiquer de nouvelles ambitions économiques.

Cris d'assaut dans la mauvaise direction

Il y a ce qu'on appelle la « révolution industrielle » dans laquelle les nations sont passées d'une société agraire à une société industrielle. Et maintenant, les nations essaient de passer d'une économie industrielle à une économie de services pour améliorer encore le niveau de vie de leur population.

Parier sur l'agriculture pour vaincre la pauvreté est absurde au XXIe siècle. Pour plus de preuves, plongeons dans les comparaisons les plus simplistes basées sur des estimations de PIB nominal et de PIB (PPA) entre le secteur agricole (ou primaire), le secteur industriel (ou secondaire) et le secteur des services (ou tertiaire) à partir de deux bases de données : « The World Factbook – PIB (parité de pouvoir d'achat) » et « The World Factbook – PIB – composition, par secteur d'origine ».

Pays/Économie	PIB total	Agricole			Industriel			Service			
		% du PIB total - 2017	% de l'emploi total - 2015	PIB (PPA) par personne occupée - 2015	% du PIB total - 2017	% de l'emploi total - 2015	PIB (PPA) par personne occupée - 2015	% du PIB total - 2017	% de l'emploi total - 2015	PIB (PPA) par personne occupée - 2015	
Monde	127 800 000 000 000 $	6.4%	29.5%	4 349 $	30.00%	21.50%	42 869 $	63.60%	48.90%	47 569 $	
Australie	1 248 000 000 000 $	3.6%	2.8%	82 097 $	25.3%	21.8%	103 012 $	71.1%	75.4%	84 313 $	
Chine	23 210 000 000 000 $	7.9%	28.9%	7 298 $	40.5%	23.7%	41 361 $	51.6%	47.4%	25 436 $	
Israël	317 100 000 000 $	2.4%	1.1%	89 740 $	26.5%	18.2%	87 616 $	71.1%	80.7%	73 111 $	
France	2 856 000 000 000 $	1.7%	2.8%	59 784 $	19.5%	20.7%	88 056 $	78.8%	76.5%	95 426 $	
Allemagne	4 199 000 000 000 $	0.7%	1.4%	37 490 $	30.7%	27.8%	95 973 $	68.6%	70.8%	85 129 $	
Italie	2 317 000 000 000 $	2.1%	3.6%	58 005 $	23.9%	27.2%	82 006 $	74.0%	69.2%	101 776 $	Pays riches (PIB)
Japon	5 443 000 000 000 $	1.1%	3.8%	21 732 $	30.1%	26.8%	80 958 $	68.8%	69.4%	75 724 $	
Corée, Sud	2 035 000 000 000 $	2.2%	5.2%	29 992 $	39.3%	25.1%	103 468 $	58.5%	69.7%	57 788 $	
Russie	4 016 000 000 000 $	4.7%	6.7%	33 537 $	32.4%	27.2%	58 904 $	62.9%	66.1%	46 334 $	
Espagne	1 778 000 000 000 $	2.6%	4.1%	56 927 $	23.2%	19.7%	99 860 $	74.2%	76.2%	80 514 $	
Royaume-Uni	2 925 000 000 000 $	0.7%	1.2%	81 811 $	20.2%	18.7%	127 498 $	79.1%	80.1%	108 669 $	
États-Unis	19 490 000 000 000 $	0.9%	1.5%	45 951 $	19.1%	17.5%	84 249 $	80.0%	81.0%	78 084 $	
Moyenne	69 834 100 000 000 $	2.6%	5.3%	50 364 $	27.6%	22.9%	87 747 $	69.9%	71.9%	76 025,3 $	
Burundi	8 007 000 000 $	39.5%	91.2%	731 $	16.4%	2.6%	10 478 $	44.1%	6.2%	11 477 $	
Cambodge	64 210 000 000 $	25.3%	44.1%	3 862 $	32.8%	19.5%	9 100 $	41.9%	36.4%	6 789 $	
République centrafricaine	3 390 000 000 $	43.2%	72.6%	899 $	16.0%	4.3%	5 873 $	40.8%	23.1%	2 735 $	
Tchad	28 620 000 000 $	52.3%	76.5%	3 964 $	14.7%	2.1%	39 131 $	33.0%	21.4%	9 032 $	
Guinée-Bissau	3 171 000 000 $	50.0%	60.9%	2 917 $	13.1%	5.7%	8 311 $	36.9%	33.4%	4 008 $	
Mali	41 220 000 000 $	41.8%	57.3%	4 587 $	18.1%	14.9%	8 316 $	40.1%	27.8%	8 622 $	Pays pauvres (PIB)
Niger	21 860 000 000 $	41.6%	62.4%	1 810 $	19.5%	14.4%	3 823 $	38.9%	23.2%	5 094 $	
Sierra Leone	11 550 000 000 $	60.7%	68.4%	3 117 $	6.5%	6.3%	2 573 $	32.8%	25.3%	4 880 $	
Mozambique	37 090 000 000 $	23.9%	75.3%	1 153 $	43.6%	4.1%	18 149 $	32.5%	20.6%	8 897 $	
Congo, République démocratique du Congo	68 600 000 000 $	19.7%	65.5%	628 $	43.6%	6.0%	11 857 $	36.7%	28.5%	3 160 $	
Rwanda	24 680 000 000 $	30.9%	75.6%	1 357 $	17.6%	7.1%	8 758 $	51.5%	17.3%	10 077 $	
Moyenne	312 398 000 000 $	39.0%	68.2%	2 275 $	22.0%	7.9%	11 488 $	39.0%	23.9%	6 797,4 $	

En 2017, le PIB mondial était de 127 billions $. La composition sectorielle du PIB (PPA), 2017 (en pourcentage et en dollars) indique que la part du secteur agricole (ou primaire) 6,4% (8 billions $), le secteur industriel (ou secondaire) 30,0% (38 billions $) et le secteur des services (ou tertiaire) 63,6% (80 billions $). À première vue, nous pouvons voir que le plus petit morceau était le secteur agricole.

Il convient de noter que les économies les moins axées sur l'agriculture sont également les nations les plus riches (PIB). De l'emploi total en 2015, 5,3 % étaient dans le secteur agricole dans les pays riches et 68,2 % dans les pays pauvres. Même pour la Chine, qui est le plus grand acteur agricole au monde, il est de 7,9 %.

Et puis, même si en France seulement 1,7% du total étaient dans le secteur agricole, ils ont contribué 48 milliards $ au PIB national, par rapport à la RDC, la majorité des salariés, 65,5%, étaient dans le même secteur qu'ils ont contribué beaucoup moins, 13,5 milliards $.

Œil de lynx

On ne peut s'empêcher de se demander pourquoi le Burundi, l'économie la plus axée sur l'agriculture (91%), reste sur cette voie alors que 6,2% du secteur des services ont contribué à 44,1% du PIB, soit plus que les 39,4% du PIB de l'agriculture.

Qu'en est-il de la RDC avec 65,5 % déjà employés dans le secteur agricole et ce que la nation en a retiré ? contribué à hauteur de 19,7 % au PIB. Jusqu'où la RDC essaie-t-elle d'atteindre ? 100 pourcents ?

C'est un indice du retard de la RDC tout comme du Burundi en matière de modernisation et leur population manque de moyens de qualité pour participer à une entreprise moderne.

Ce tableau montre aussi que, contrairement à la RDC qui s'enlise dans le secteur agricole et industriel même en étant super peu compétitif, les pays les plus riches ont misé sur le secteur des services pour augmenter leur PIB et ils avaient raison.

Globalement, en termes de PIB (PPA) par personne employée dans un secteur en 2015, ce tableau montre que le secteur agricole (4 349 $) est dix fois moins rémunérateur dans le secteur agricole que dans le secteur industriel (42 869 $) et dans le secteur des services (47 569 $).

Maintenant la question à un million $; sous prétexte de modernisation et finalement d'amélioration du niveau de vie de ses habitants, n'est-il pas totalement aberrant qu'une nation monte sur le vieux cheval de l'agriculture ou entraîne tout le monde sur le chariot de l'industrialisation, deux secteurs les moins rémunérateurs pour un individu et donc pour la société dans son ensemble ?

Pour une nation luttant pour la modernisation et une place parmi les grandes puissances économiques mondiales, la RDC n'aimerait-elle pas être un Singapour plus grand qui a atteint le plus haut niveau de développement économique en Asie, ce qui se traduit par un niveau de PIB par habitant supérieur à les États-Unis, dont le secteur agricole et sa croissance de la productivité jouent un rôle quasi inexistant ? ou allons-nous vraiment nous efforcer de réaliser notre fantasme de devenir un immense Burundi ?

La modernisation des aspirations s'avère être un facteur clé de la modernisation économique. Et cette révélation est valable lorsque l'on passe au crible les données des pays pauvres et riches.

Les aspirations médiévales des Congolais en RDC et à l'extérieur, analphabètes ou pourvus de grands diplômes, bloquent le développement économique et l'évolution sociale de la nation ou en d'autres termes le premier pas dans sur le bon chemin et à la bonne vitesse. Plus de soixante ans après l'indépendance, les Congolais sont toujours guidés et incités à penser riche mais à raisonner mal sur leur sort comme des enfants serviles.

Ici, il faut recadrer notre héros national, Patrice Emery Lumumba, pour asseoir un meilleur tempo pour le XXIe siècle : « Il attend de chaque Congolais qu'il accomplisse la tâche sacrée d'instaurer une culture de l'honneur. Sans culture de l'honneur, il n'y a pas d'économie fonctionnelle, sans économie fonctionnelle, il n'y a pas d'État, sans État, il n'y a pas de souveraineté, et sans souveraineté, il n'y a pas d'identité. »

Imbroglio de la transformation économique de la rdc – l'informel vers le formel ?

Le fait que tout Congolais conteste leur culpabilité active ou leur complaisance ne cessera jamais de m'étonner. C'est à la fois par manque de diligence raisonnable de la part de tous et mauvaise l'habitude de justifier l'inconscience que nos péchés ne perdent pas de l'allure. Pour en finir avec le marasme socioéconomique, des pensées explicitement définies, des débats et propos riches, et la synchronisation de toutes les initiatives élises sont tous primordiaux. Pour l'instant, le renforcement de l'état de droit ou l'autorité de l'Etat par le Césarisme prolifère une incompétence généralisée.

Fabriquer un envol ou un boom économique est inutile sans mécanisme de dispersion des tâches et d'absorber de ses éclats par la majorité des nationaux. Tout acte de rénovation étendue et rapide engendrera une nouvelle vague des malvenues. L'antiquaille du système éducatif en RDC fait que les nationaux incarnent des âmes sans aptitude et créatures bêtes. Les universités sont pleines que des instituteurs et institutrices, des experts transitoires qui donnent des instructions, au lieu des professeurs, des humanistes passionnés qui enseignent comment acquérir de soi-même les moyens de participer dans une économie tablée autour de l'information et l'innovation. L'octroi et la perpétuation d'une désignation académique sont des moqueries immaculées du monde artistique et scientifique. La créativité qui est au cœur d'esprit de l'entreprenariat, ne s'apprend pas. Plutôt, an atmosphère propice à la créativité peut être créé.

Nos racines hantent les hallucinations de nos propres tragédies. C'est avec des mentions sèches que débute cette note de réflexion. Nous avons assisté à la fin de la première moitié du XXe siècle à une avancée audacieuse dans l'interprétation de la valeur de l'humain. Il existe un dynamisme et une complémentarité entre le passé et le présent, plutôt que de vagues coïncidences. Quand tout le monde s'étouffe déjà, l'égalité des sexes est une mauvaise blague.

À travers la RDC, les gens vivent déconnectés de la qualité de vie moderne. Ils n'ont pas de sécurité économique. Il y a des millions de personnes rien qu'à Kinshasa, seul siège du gouvernement, ont honte de ne pas pouvoir joindre les deux bouts de manière décente malgré tous leurs efforts. Ce ne sont pas eux qui devraient avoir honte. L'affinement du passé permet de faire entendre d'autres tonalités. Si la pauvreté extrême, les maladies pandémiques, les conflits tribaux, l'ignorance et l'exploitation spirituelle sont tous des paramètres essentiels pour mesurer le progrès humain, en avons-nous congolais avancé ?

L'absence d'appétence de s'accrocher au futile justifie mon obsession d'être outrageusement honnête avec tout humain, particulièrement mes concitoyens congolais. Le développement engendre l'apaisement social et politique, et non pas le contraire. Nous avons torturé et tué Patrice Lumumba et toute une longue liste de nos héros pour zéro, non pas les occidentaux. Le président Joseph Kabila subsiste plus au passé qu'au présent. C'est aux biographes s'aiguiser à débattre la contribution de son séjour à la magistrature suprême de la République. Les fanfarons politiques et monarques des églises se plaignent avec aigreur, et crient à l'aide, au secours, au meurtre, au voleur, et enflamment vainement les désillusionnés, n'ont rien d'autre à offrir d'utile.

La nation souffre d'excès de spécule sur le social et commercial défectueux. Il m'est difficile de penser à un secteur aux manigances plus sottes que le domaine minier qui se décide sans débats nationales préalables, raison ou intérêt du commun citoyen. À l'accusation de pillage de ses richesses naturelles par les pays voisins, je dis, c'est purement de miettes comparées à nos besoins, mais aussi une maladresse.

Établir un climat des affaires qui favorise soi-disant l'investissement n'est pas pertinente en RDC, à moins que la priorité nationale soit plutôt d'enfanter une atmosphère bienséante aux rapaces. On est bizarrement au point où les dépenses d'investissement sont confondues avec les investissements. Cela fait un demi-siècle que l'on donne des coups de pouce minable.

Dans le monde moderne on est vivement recommandé et recomposé à rêver car on a subi au présent ce qui a été rêver par ceux qui en ont l'aptitude. Ils y'a ceux qui penseront, il y en aura qui diffuseront nos pensées et il en arrivera ceux qui les matérialiseront.

Il n'y a toujours pas de plan de relance pour apporter un réel optimisme aux secteurs informels car, à mon avis, la confusion persiste sur ce qu'est un entrepreneur, un commerçant et un industriel. Déjà que beaucoup utilisent les terminologies, commerçant et entrepreneur, de manière interchangeable pour désigner à tort toute personne qui possède un commerce et gagne de l'argent. Un industriel est pour la plupart une personne qui se dit l'être.

La RDC a comme défi de voir comment accroître l'efficacité de son économie. En d'autres termes, comment obtenir une plus grande part du gâteau au lieu de se battre pour les miettes de la mondialisation. La seule façon d'y parvenir est de recadrer le débat national et les attentes. Dans le contexte capitaliste, les foyers de crise financière sont inévitables ; les pandémies de pauvreté sont facultatives. La sérendipité est une harmonie délicate. Vous n'avez pas à réinventer la roue. Cependant, vous devez trouver la jante qui correspond à votre voiture.

La mise en application d'un cycle ou un arrangement approprie nécessite plus de discernement de la différence entre un entrepreneur, un commerçant et un industriel pour livrer un petit ton des discussions qui ont lieu dans le monde moderne.

Les commerçants optent pour tout ce qui garantit d'énormes profits, quel que soit le caractère unique des idées commerciales. C'est un nouvel entrant sur un marché existant pour des raisons commerciales. En revanche, les entrepreneurs créent des entreprises en démarrage en adoptant l'innovation, de nouvelles idées ou des processus commerciaux. Celui-ci propose une idée ou un concept unique pour démarrer une entreprise et ne suit pas des idées commerciales prédéfinies et travaille plutôt sur leurs rêves et leurs passions.

Pour mieux illustrer, un commerçant achète un produit pour le vendre afin de réaliser un profit. Alors qu'un entrepreneur ne veut pas seulement faire du profit mais satisfaire les désirs et les besoins des gens, il passe donc plus de temps à trouver de nouvelles idées ou de nouveaux produits.

Un entrepreneur remet en question ses propres compétences entrepreneuriales et autres et continue d'en acquérir de nouvelles au fur et à mesure qu'il progresse dans l'entreprise.

Un industriel est très différent d'un entrepreneur ou d'un commerçant. En cela, toute la nature de leur travail est totalement différente. Un industriel n'a qu'un objectif en tête. Et c'est pour créer de nouvelles industries qui génèrent des emplois et des produits qu'un commerçant peut vendre. Au sens large, un industriel aide la nation en exportant et en gagnant des devises étrangères pour le pays. Ils n'ont pas non plus peur d'entrer sur les marchés étrangers. Par rapport à un entrepreneur par rapport à un commerçant, un industriel est fortement dépendant de la main-d'œuvre pour faire fonctionner ses unités de fabrication. Un industriel est sévèrement affecté par des facteurs externes tels que l'économie locale et les scénarios mondiaux. C'est principalement parce qu'ils doivent s'approvisionner en matières premières pour la production auprès de divers fournisseurs.

Bien qu'à certains égards, les qualités et l'état d'esprit d'un entrepreneur, un commerçant et un industriel soient les mêmes pour faire des profits, leurs devoirs diffèrent énormément. C'est la raison pour laquelle il y a moins d'industriels alors qu'il y a plusieurs entrepreneurs et d'innombrables commerçants.

Dans le cas de la RDC, qui compte suffisamment de commerçants malgré l'écosystème malsain qui les étouffe et sans un circuit financier dynamique, pousser les gens du commerce informel, les yeux bandés, vers le commerce formel est un gros faux pas. Une fois la différence comprise et intériorisée, il s'agit plutôt de créer un espace pour que l'informel puisse s'immerger dans l'entrepreneuriat et pour certains se développer ou se hisser au rang d'industriel, comme au Nigéria où on trouve Mike Adenuga qui a fait fortune grâce à Telecom – Gloabacom et la production et la commercialisation du pétrole ou encore les milliardaires chinois Yuanying Jin qui est l'un des fondateurs du groupe Alibaba et Taobao ou encore le milliardaire vietnamien Pham Nhat Vuong qui a étudié en Russie et a lancé une nouille populaire en Ukraine dans les années 1990 avant de retourner dans son pays d'origine et de frapper fort.

Cette flamme existe déjà dans l'âme des Congolais et s'exprime par leur instinct de survie contre vents et marées. Il semble simplement plus lumineux dans des circonstances différentes ou dans des environnements différents. Sous un ciel où la créativité individuelle du XXIe siècle est considérée comme le moteur de l'économie, d'énormes investissements sont en cours pour réduire la distance entre le rêve et la réalité. La clé réside dans les transactions intellectuelles ou dirons-nous dans la qualité des moyens requis pour participer ou s'engager dans le circuit qui sous-tend la qualité de l'écosystème. Mais nous devons également garder à l'esprit qu'au XXIe siècle, l'efficacité du gouvernement ne se mesure pas par ce qu'il produit, sert et contrôle, plutôt par ce qu'il permet en créant un écosystème qui favorise la créativité et la collaboration ou dirons-nous si vous avez un rêve, vous trouverez tout pour le réaliser et rien ne vous barrera la route.

Est de la RDC : malédiction et exorcisme

Comme partout dans le tiers-monde, les thèses qui sculptent les résolutions pour paralyser l'appareil à dévorer des vies humaines qui exige d'user un plus grand feu pour éteindre un petit feu à l'est de la RDC s'appuient sur une déduction irrationnelle souvent motivée par des convoitises tribales et des aperçus personnels plutôt que sur une induction logique indépendante de tout instinct. La persistance de cette stratégie ne fait qu'alourdir les nombres de morts et le cout social et économique en RDC et tourne en stupide les Congolais.

Bien qu'une nouvelle descente aux enfers soit à juste titre à craindre, les conflits en RDC n'ont jamais opposé un être à un voisin. La monstruosité a souvent été l'œuvre des maçons sociaux opposant une fraction de pauvres à une autre fraction de pauvres blâmés. Des spéculations font que leurs ambitions et leur haine deviennent incontrôlables, et les désespérés se transforment en petits gangs ou en miliciens modérément organisés, avec l'éloge tacite des anciens seigneurs de guerre désorientés devenus des politiciens cyniques ou de pays voisins avides.

La pauvreté exacerbe une source culturelle lorsqu'elle est liée à un territoire qui, à son tour, remet constamment en cause l'identité nationale. Rien n'est plus toxique que l'obsession de l'homogénéité culturelle. Le tribalisme est une autre forme de concept de pureté raciale. Qui dit pureté dit toujours hiérarchie qui prône l'existence du digne et de l'indigne. Il convient de noter que le consensus du groupe le plus brutal et le plus impitoyable prévaut toujours. C'est ainsi que la dynamique de trahison par tous les types de Congolais à l'intérieur et à l'extérieur du pays pour évincer Mobutu du pouvoir a provoqué l'enfer ; certains cherchant à gagner et d'autres cherchant à conserver leur influence politique ou leur pouvoir économique ont semé les graines de violence insensée.

Analyse de la situation dans l'est de la RDC dans son ensemble

Il faut discerner les erreurs idéologiques sociales et économiques qui aveuglent les Congolais. Il est facile de blâmer les perspectives économiques des voisins à l'est de la RDC ou le capitalisme comme la cause profonde de son environnement social toxique.

Dans le passé, la Tanzanie et la Zambie ont déclenché ensemble l'indépendance de plusieurs pays africains. Quant à la RDC, mis à part le moment où la Tanzanie en a eu marre et est entrée et a expulsé le M23, les deux pays ont adopté une position commerciale économique plus non invasive. Nous pouvons appeler la relation entre ces nations et le pH de la RDC équilibré (vérifiez vos livres de chimie).

Du côté du déséquilibre du pH, on peut d'abord regrouper l'Ouganda et le Burundi pour leur myopie économique pour qui la préservation de l'ordre social fécondé par un culte obscur prime sur l'évolution sociale et la croissance économique. Il y a ensuite le Rwanda, pour qui la stabilité sociale primitive doit impérativement être nourrie par une croissance constante de son importance dans le marché mondial, tourné vers la politique du parasite économique. Enfin, le Soudan du Sud est un pays en proie à des conflits politiques aggravés par des difficultés économiques. Le Rwanda ou l'Ouganda, deux cas à souligner, ce ne sont que des boucs émissaires qui s'en réjouissent et en profitent pour servir de prétexte à une élite congolaise enfin pour marchander une perception d'irresponsabilité et le million de pauvres qui continuent d'embrasser des réponses faciles comme celle-ci.

Le Rwanda est économiquement un château de sable qui s'effondrera en raison de la pression insensée nécessaire pour maintenir la façade de l'évolution sociale. Le Burundi est désorienté socialement, politiquement et économiquement. Le Soudan du Sud est un nouveau terrain de jeu pour les institutions internationales. Alors que l'Ouganda est aux prises avec les implications d'un traumatisme transgénérationnel auto-généré. Tout cela devrait être le cadet des soucis des Congolais.

Dès le début, la mission de maintien de la paix des Nations Unies chargée de protéger les civils et de construire la paix en RDC était vouée à l'échec à cause des personnes qui avaient été envoyées et de la véritable raison pour laquelle les Congolais continuaient à massacrer. L'histoire d'un contingent militaire d'un pays pauvre envoyé dans une mine d'or pour aplanir la différence barbare entre des pauvres délirants dont les élites s'aventurent pour échapper à la pauvreté ou préserver leur illusion d'opulence en escaladant des tas de crânes humains ne se termine généralement pas bien. Hélas, la mission de l'ONU est devenue le bouc émissaire idéal pour la jeunesse désespérée et l'élite sociale et politique inapte.

Malgré la diligence requise pour trouver le remède le plus utile, les nations n'ont parfois pas la réponse de guérison attendue. Parfois c'est le dosage, la plupart du temps c'est le remède prescrit. Tout revient à l'erreur de diagnostic. Le lumpenprolétariat congolais s'appuie sur les rumeurs et les symptômes de la stagnation de la croissance économique en RDC pour enfin troquer ou minimiser une perception d'irresponsabilité nationale. C'est ainsi que la doctrine héritée de la colonisation selon laquelle c'est en fouettant qu'on obtient le plus résistant des Nègres est encore de rigueur. L'utilisation excessive de la politique continue d'entraîner davantage de pertes en vies humaines et en argent.

Diagnostic socio-économique de l'est de la RDC

En tournée sondant le dynamisme social et sa toxicité dans l'une des régions les plus dangereuses de l'est de la RDC, la scène de la jeep du commandant des opérations militaires devant être poussée à la main pour l'allumage m'a fait me gratter la tête. De même, dans les zones les plus reculées et rougies, sans accès à l'eau potable, à l'électricité fiable, aux infrastructures de santé, voire aux salles de classe, rien de plus surprenant de trouver un kiosque où l'on est sûr d'avoir des « mégas » pour rester connecté sur WhatsApp.

Hormis l'état dérisoire de la route et les nombreux barrages tenus par des militaires mendiant ou menaçant les chauffeurs de taxi ou de camion, vous comprendriez vraiment à quel point les gens qui vivent dans des conditions inhumaines ont une envie urgente de goûter et surtout de contribuer au XXIe siècle. Hélas, ils n'ont ni les compétences ni la culture pour le faire.

Maladie

La réponse est claire et simple, ou devrait être, le niveau suffocant de pauvreté pandémique. Ceci reflète absolument l'insuffisance, ou dans la plupart des cas, l'absence des moyens de participation ou d'engagement du peuple congolais dans les entreprises ou dialogues du XXIe siècle. Par entreprises, je dirai, toute association ou consultation des capacités à tirer le meilleur parti des attributs du commerce contemporain. Et par la participation ou l'engagement, c'est-à-dire les compétences mais aussi l'accès au capital.

Une qualité médiocre de nos moyens est intimement liée à un niveau de vie médiocre. Il faut dire ici qu'au XXIe siècle, un diplôme universitaire n'accorde pas automatiquement une pertinence ou une épingle intellectuelle.

Il est alarmant de voir l'attention microscopique portée aux facteurs socio-économiques qui déclenchent les troubles civils, tandis que les grognes politico-ethniques sont immédiatement mises en cause. Et pourtant, dans les pays en développement, où les coûts de la guerre sont généralement moins élevés que dans les pays développés, les risques de guerre sont plus grands. La Belgique a le même degré de division ethnique et à peu près la même taille de population et la même superficie que le Burundi. Ce qui différencie les deux nations, c'est le niveau de revenu et la mobilité (le sentiment d'avoir la chance de faire mieux). Les facteurs socio-économiques sont les principales causes de la violence à l'Est, bien qu'on parle souvent de conflit ethnique.

Les Congolais de l'Est estiment-ils qu'ils aient beaucoup à perdre en s'engageant dans des troubles civils ou dans la violence ? Le premier facteur est le revenu. Les personnes qui sont déjà au soleil ont relativement peu à perdre d'un conflit. Le deuxième aspect est la mobilité. Les salaires locaux étant bas partout ailleurs, on ne peut pas faire mieux ailleurs. Le pillage par les jeunes ou l'attrait de la milice est dû au fait qu'ils ont très peu à perdre et qu'un emploi productif ne leur donne que peu ou pas d'avantages.

Les entraves

L'économie coloniale était axée sur la satisfaction des besoins de l'Europe en matières premières. La principale caractéristique était l'investissement dans les infrastructures pour soutenir uniquement les activités minières et connexes. De plus, aucun investissement dans le développement du capital humain et des services sociaux adéquats pour les colonisés n'a été fait.

Les cadres de l'administration coloniale ont nié les droits humains de la majorité des peuples autochtones à exploiter leurs ressources. La cruauté qui accompagnait tous les échecs du pouvoir colonial indiquait sa fermentation dans l'imposition de la hiérarchie administrative.

Même plus d'un demi-siècle après l'indépendance, chaque fois qu'un universitaire congolais articule une approche économique du progrès social et de la croissance économique, il est démontré que l'esprit de la politique économique coloniale règne en maître à cette époque.

La dictature de Mobutu est marquée par des terreurs sociales et des erreurs économiques. Il se réorganise pour faire de la nation une colonie de services et pour accompagner le développement des élites dans la nouvelle métropole, Kinshasa. Le même bloc de construction est toujours en place. Provincettes est une réaffirmation du contrôle et de l'aliénation des terres coloniales qui, de manière prévisible, engendre une économie politique et sociale fragmentée et une dépendance plus grave entre les sexes.

Et puis, même plus d'un demi-siècle après l'indépendance, chaque fois qu'un savant congolais articule une approche économique du progrès social et de la croissance économique, il est démontré que l'esprit de la politique économique coloniale règne en maître à cette époque.

La géopolitique est tout simplement du tribalisme institutionnel. Et dans cet environnement, lorsque l'accès économique et les droits sociaux sont étouffés par la paranoïa ou les ambitions politiques de concurrents tribaux idéologiques, les humains activent leurs instincts primitifs de survie, ce qui désactive notre conscience. Dans ce genre de brouillard, les partis politiques sont organisés selon des lignes ethniques qui encouragent la division sociale au lieu de l'intégration. Par la suite, les formes d'inégalités socio-économiques deviennent plus explicites en raison de la répartition inégale des emplois, des contrats et des services publics entre les différents groupes.

Le traitement

Que ce soit clair pour tout le monde ici, demander de l'aide pour neutraliser les groupes armés dans l'est de la RDC signifie franchement demander de l'aide pour mettre fin à la vie d'autres Congolais, dont la plupart sont pauvres. et jeune. En plus de ma conviction impénitente que l'État ne devrait pas utiliser l'armée pour tuer d'autres Congolais, il aurait dû être évident depuis longtemps que les fusils et les généraux n'apporteront pas la paix à l'Est. mais que l'argent le ferait. Il faut également souligner que les approches visant à imposer la paix dans l'est de la RDC ont jusqu'à présent été erratiques et tumultueuses, entraînant des pertes civiles et endommageant les fibres économiques et sociales de notre nation.

Les milliards $ dépensés par l'ONU au fil des ans pour occuper vaguement l'Est auraient transformé des endroits comme Beni, Bunia ou Rutshuru en une méga métropole moderne. Le président Félix Tshisekedi n'aurait pas dû demander plus de puissance de feu aux Américains, tout comme d'autres pays musclés. Au lieu de cela, il aurait dû plaider pour mettre la main sur l'artillerie financière lourde moderne non seulement pour l'Est mais suffisante pour guérir les Congolais d'émotions primitives telles que le tribalisme et le gangstérisme qui sont exacerbées par le manque de perspectives pour les jeunes âmes à travers la RDC d'un avenir décent sans effusion de sang.

La proposition est une expérience fougueuse d'édition de gènes sociaux, politiques et économiques dans l'est de la RDC, donnant la priorité aux solutions économiques à long terme plutôt qu'aux bandeaux politiques à court terme. Des remèdes socio-économiques contribueraient à créer une société meilleure et à réduire les rivalités ethniques. Lors de la conception et de la mise en œuvre des politiques économiques, les « entrepreneurs ethniques » ne doivent pas être encouragés car ils entravent la notion d'unité nationale et de croissance économique. Kinshasa démontre à quel point l'hétérogénéité culturelle est plus que possible.

Testons ma proposition à l'Est pour l'édition de gènes sociaux et économiques. J'ai appelé la proposition le Plan Marshall pour démontrer la différence idéologique entre le remède économique après la Seconde Guerre mondiale et l'instrument punitif après la Première Guerre mondiale. Malheureusement, les économistes en herbe sont perdus dans l'essence de l'approche. Appelez cela le plan Jo M. Sekimonyo. Vous trouverez ci-dessous quelques aspects clés.

Économique : Délocaliser le Conseil Economique et Social de Kinshasa à l'Est afin de démilitariser nos solutions - Gigantesques projets d'infrastructures portés par des sociétés ou entreprises congolaises - Revoir le code minier, les redevances versées au gouvernement central et les recettes fiscales à l'administration locale - Augmenter le salaire minimum 1 dollar de l'heure - visa accordé gratuitement à n'importe quel point d'entrée à l'Est - adopter l'anglais comme langue officielle (non seulement parce que les nations voisines à l'Est parlent anglais, mais l'anglais est la langue mondiale).

Social : Déduction fiscale des bourses et bourses d'études par les entreprises - Instaurer la pension de retraite minimale à 800 $ par mois - Programmes de repas scolaires avec des biens et services produits localement - Éliminer les structures coutumières de la nomenclature administrative et sociale.

Politique : Élection directe des sénateurs et des gouverneurs plutôt que leur sélection par les législateurs provinciaux - Éliminer l'élection au scrutin de liste - Déplacement des capitales provinciales vers des points chauds ou des zones enclavées (la capitale du Nord-Kivu de Goma à Beni, en Ituri de Bunia à Aru, et au Sud-Kivu de Bukavu à

Shabunda, etc…) - Référendum pour le regroupement des provinces de l'Est - Décentraliser la Commission électorale - Organiser des élections locales.

Sécuritaire : Déromantiser les groupes armés et les milices en les qualifiant de groupes terroristes.

Région des Grands Lacs : Accorder la citoyenneté congolaise aux FLDR les placera sous la juridiction directe de la RDC avec tous les droits et obligations en tant que citoyens de cette nation. Les implications nationales et transnationales complexes doivent être reportées à une autre longue articulation.

A terme, l'objectif est de moderniser substantiellement l'écosystème social, culturel, politique et économique par les Congolais et pour les Congolais, en grande partie en injectant des capitaux financiers dans les circuits locaux. L'est de la RDC souffre d'une maladie répandue dans tout le pays comme dans toute l'Afrique. Les symptômes ou devrais-je dire les signes de la maladie sont tout simplement pires qu'ils ne peuvent l'être ailleurs. Donc, si nous ne pouvons pas guérir l'Est, nous ne pouvons pas guérir la RDC, et surtout pas l'Afrique, qui attend beaucoup de nous depuis les années 60. Et en Afrique, au lieu de voisins socialement endommagés et économiquement parasites, les Congolais doit se tourner vers les Nigérians, les Sud-Africains, les Éthiopiens et l'Egyptiens, d'autres géants africains pour trouver une solution à nos problèmes. Ils ont la clé de notre solution comme nous avons la leur.

Dislocation économique – le président de la république n'est ni le problème ni la solution

Avec des millions de Congolais vivant dans des camps de déplacés et de réfugiés en raison des conflits ethniques et de la violence, l'exode massif du Kasaï vers le Katanga en 2021 pourrait être jeté dans un tiroir comme si c'est la même vieille histoire en RDC qui depuis quelque temps se répète et que le monde en a marre d'entendre. Mais dans ce cas, les gens ne fuient pas pour éviter les balles et les grenades ou, de manière optimiste, pour délocaliser leurs entreprises pour de meilleures perspectives commerciales. La circonstance exceptionnelle de cette catastrophe humanitaire n'est pas un climat de peur ou de persécution, mais plutôt la famine.

Pour répondre de manière appropriée à cette dislocation qui est économique, il est important d'identifier les véritables responsables de la cause au Kasaï et du malaise au Katanga.

La réticence à adopter des mesures de modernisation économique a conduit à une croissance économique imparfaite et à aucune amélioration du niveau de vie en RDC. Il appartient toujours au gouvernement de concevoir une véritable et moderne stratégie nationale globale pour faire face à ces perturbations économiques. Au lieu d'une stratégie nationale, il existe un ensemble de programmes désuets et inadéquats qui fournissent trop peu d'aide trop tard à ceux qui en ont besoin.

En ce qui concerne le cas du Kasaï, la sonnette d'alarme a été tirée depuis longtemps.

D'une part, il est bien connu que l'économie locale a longtemps reposé sur une ressource naturelle non renouvelable, le diamant, qui a été durement touché par l'ingéniosité humaine pour les fabriquer en laboratoire, a montré tous les signes de déclin. D'autre part, la famine, ou devrait-on dire l'insécurité alimentaire, est depuis longtemps rapportée à un niveau très préoccupant au Kasaï par les ONG et les journaux locaux ainsi que par les organisations internationales.

Sur base de ces deux facteurs, le budget de l'Etat étant le document établi par le gouvernement et voté par le Parlement qui prévoit et définit les dépenses et les recettes que l'Etat est en droit d'engager et de percevoir pour l'année à venir, devrait donc refléter les mesures prises pour remédier à la situation, ce qui n'est pas le cas.

Comment le budget de l'Etat est-il élaboré puis adopté ?

Il faut dire d'emblée que la préparation du budget relève de la compétence exclusive du pouvoir exécutif du Premier ministre et non du Président de la République. Quant aux ministres nationaux, ils doivent s'abstenir de promouvoir les intérêts de leur tribu ou province d'origine, ce qui est rarement le cas.

Chaque année, sur la base des directives contenues dans la circulaire budgétaire, chaque ministre établit, avec le concours de son administration, une préfiguration du budget de ses services. Et après, le gouvernement prépare un « projet de loi de finances » qui est soumis à l'Assemblée nationale puis au Sénat. Le Parlement peut alors proposer des modifications avant d'adopter une loi de finances initiale qui sera signée par le président de la République. Cette loi peut être révisée en cours d'année par une loi modificative.

Il convient de souligner ici que si le gouvernement élabore le budget, c'est le parlement qui a la prérogative d'approuver le budget ; il jouit donc du droit d'adopter le budget.

Comment un membre du Congrès s'assure-t-il que sa circonscription est correctement prise en compte dans le budget ?

Il existe des dispositions du Congrès ordonnant que les fonds soient dépensés pour des projets spécifiques ou l'allocation des dépenses gouvernementales à des projets localisés garantis uniquement ou principalement pour apporter de l'argent au district d'un représentant.

Il existe également une disposition insérée dans le projet de loi de crédits sur les dépenses discrétionnaires qui oriente les fonds vers un destinataire spécifique tout en contournant le processus d'attribution des fonds fondé sur le mérite ou concurrentiel.

Un membre du Congrès peut également faire pression sur un ministre pour qu'il insère des projets pour sa circonscription dans la ligne budgétaire de son département.

Comment un membre du Congrès s'assure-t-il que l'argent alloué ou le projet a été réalisé dans sa circonscription ?

Le Congrès peut auditer les fonds appropriés. Le Congrès, et en particulier la Chambre des représentants, est investi du pouvoir, de la capacité de contrôler les dépenses de l'argent public par le gouvernement national.

L'inspection peut prendre la forme d'une mission ou pendant les vacances parlementaires.

La définition de ce qu'être congolais est une flèche taillée pour notre identité

Une espèce envahissante est un organisme vivant ou même les graines ou les œufs d'un organisme qui n'est pas originaire d'un écosystème et qui cause des dommages. Le fait que pour être congolais il faille prouver son appartenance à une tribu documentée dans les livres ou registres coloniaux qui préexistaient au Congo avant l'indépendance dans une zone spécifique cartographiée, dépeint qu'une personne d'une tribu est considérée comme une espèce envahissante dans l'espace d'une autre.

L'un des cas flagrants est celui de Julien Paluku, alors gouverneur du Nord-Kivu et aujourd'hui ministre national, qui a suspendu, dans une note circulaire, en 2016, tout « mouvement suspect » de populations inconnues dans toute la province et dans le territoire de Beni plus précisément. Comme il y avait déjà des services de sécurité affectés à cette mission, les troupes du groupe rebelle islamiste ADF ne prennent pas les transports en commun et ce ne serait pas une bonne idée d'essayer de les attraper sans armes, et le fait que les districts de la RDC sont culturellement très homogènes, cela déléguait n'importe quelle foule de civils frustrés ou de dingues d'une tribu, Nande, en particulier, pour commettre des crimes horribles sur une autre tribu, Hutu, dans la plupart des cas. Et cela s'est produit et continue de se produire même si Beni et une grande partie de l'Ituri sont scandaleusement pauvres et coincés au Moyen Âge.

Cette affaire, comme ce qui se passe au Katanga qui n'est ni moderne ni économiquement avancé comme on l'imagine, montre comment la barbarie justifiée par le sentiment primitif valorisé par une définition délicate de la nationalité l'emporte sur la nécessité du développement social et économique de la nation. Dans l'« altérité », les entrepreneurs tribaux incitent les pauvres à attaquer d'autres pauvres sous prétexte de préserver ou de protéger leur soi-disant meilleure part de la misère nationale qui est en soi une paranoïa irrationnelle.

Pointons dans la bonne direction

On peut dire que depuis que l'Alliance des Forces Démocratiques pour la Libération du Congo-Zaïre « AFDL », la coalition des rwandais, ougandais, burundais et des dissidents congolais, et des nations mécontentes, a renversé Mobutu Sese Seko, dans le Nord-Kivu, la ténacité des entrepreneurs politiques tribaux et leurs compromis antipatriotiques dépasse de loin celle des âmes saines et de leurs convictions. Et rien qu'en 2016, au Katanga, un désaccord entre Pygmées et Lubas autour d'une récolte de chenilles transformée en violence interethnique et entraînant 20 morts, dont deux Lubas tués par des flèches, démontre l'existence de désirs primitifs centrés sur l'ethnicité. A cela s'ajoute le fait que les affrontements entre communautés autour des ressources minérales et forestières du Kasaï sont fréquents. Mais tous ces aspects des sanglants conflits en RDC réaffirment l'argument selon lequel la « congolité » est ancrée par la constitution sur un mauvais socle.

Au lieu de penser à la Société minière de Bakwanga « MIBA », un exemple d'action simple ayant un impact direct et plus pertinent à la fois sur la lutte contre la malnutrition et sur l'apport de capital au niveau local est la relance de la production de « bisoka », biscuits énergétiques au soja. L'utilisation de fonds publics pour un programme visant à donner ces biscuits aux enfants des écoles publiques créerait un marché de garantie pour tous les acteurs impliqués dans la production et la distribution. Mais les cris pour relancer l'usine, qui a fait faillite il y a près de trente ans dans le Kasaï central, et implanter des nouvelles à travers cet espace sont tombés dans l'oreille d'un sourd, jusque-là.

On peut crier haut et fort aux effets dévastateurs de la zaïrianisation sur l'industrie agricole du Kasaï et au pillage financier et social scandaleux de la MIBA. Mais cela ne changera pas grand-chose à la trajectoire économique du gros morceau du centre de la nation.

Cependant, de cette crise humanitaire, les congolais, surtout dans ce cas-ci, au Kasaï, se demandent-ils si leurs membres du Congrès font pression en leur nom sur ce qui compte vraiment, le développement économique ? Notre conscience nationale sera-t-elle suffisamment ébranlée pour repenser notre façon de nous définir ? Combinant les traits des deux formes pures de gouvernement, présidentialisme et parlementarisme, le système semi-présidentiel est-il adapté à notre panoplie de culture et d'intrigue ? Les Congolais commenceront-ils par être allergiques à l'extrémiste camouflé par le tribalisme qui est lui-même un autre mal ?

Par maladresse, poussé par les populistes, le président Tshisekedi se précipite pour s'approprier un péché qui n'est pas le sien, ce qui à son tour va potentiellement créer un plus grand drame ou le pérenniser, à l'image de ce qu'est devenu l'Est de la RDC. Le chef de l'Etat, comme le Congolais ordinaire, doit comprendre que la crise au Kasaï et le sentiment d'incompassion au Katanga trouvent leur origine dans le comment, qui et surtout le pourquoi que les Congolais choisissent dans le processus de sélection de nos représentants. A cela s'ajoute la structure de notre forme de gouvernement et le consensus actuel sur qui est congolais.

En d'autres termes, nos législateurs et notre constitution sont le problème et la solution, *mais nous le sommes tous aussi.*

Propres termes et conditions

L'économie, un sujet trop abstrait ? Dans le monde développé, elle imprègne leur quotidien, de l'évolution des prix au supermarché du coin à l'ouverture d'un compte bancaire, en passant par la recherche d'un job d'été, l'économie suscite de nombreuses inquiétudes.

Les implications sont très différentes pour les habitants des pays en développement, disons du tiers monde, car la notion d'un supermarché local, pour ouvrir un compte bancaire, ou un emploi d'été pour les jeunes sont des concepts pour la plupart abstraits. Même dans les universités, fréquentées par des jeunes avides du principe d'appréhension dans le fonctionnement des entreprises ou du commerce international, ce qui est présenté loin de leur réalité. Malheureusement, leurs trajectoires économiques sont racontées ou écrites par des personnes à des kilomètres ou simplement là-bas avec leur conscience à des kilomètres. Ainsi, le consensus sur les conséquences d'une catastrophe globale sur le monde développé est souvent dramatisé ou caricaturé.

En matière d'économie politique, il n'y a ni son ni lumière.

La modernisation n'est pas synonyme de développement. Le développement est la chaîne des transformations structurelles tandis que la modernisation est le résultat de l'application des innovations technologiques. La contradiction entre ces caractéristiques des concepts conduit à l'aggravation des dilemmes sociaux existants. C'est ainsi que la communauté de la recherche joue un rôle important dans un pays - en particulier les jeunes chercheurs pour nourrir et maintenir un écosystème d'échanges commerciaux et d'entrepreneuriat sophistiqués et guérir une nation de ses maux.

Pour le mettre dans un cadre pour plus de clarté, un chercheur est un scientifique de haut niveau qui fouine partout et constamment pour découvrir quelque chose de nouveau ou établir de véritables processus plutôt que de passer du temps à peaufiner certains aspects de ceux-ci ou/et des dictons pour mieux expliquer ou démontrer ce qui est connu. à tous.

La RDC est une nation remplie de sacs de soi-disant intellectuels, mais vide quand il s'agit d'érudits. C'est en partie parce qu'ils ont adopté un manuel de jeu qui n'est ni écrit ni mis à jour par des Congolais ou à leur profit.

En Indonésie, par exemple, empruntant la formule à la Chine et à la Corée du Sud avant elle, ses jeunes chercheurs devraient aider la nation à réaliser le rêve de devenir un pays développé en 2045 grâce à un développement basé sur la science. Ils sont également censés traiter divers problèmes allant de la pauvreté aux catastrophes environnementales. Cela nécessite des capacités de collaboration plus innovantes et des compétences de communication beaucoup plus pointues.

En tant qu'acteur incontournable du monde de la recherche d'avenir, il est important pour la RDC de décrypter les besoins et les usages des jeunes chercheurs. Une analyse préliminaire pour comprendre le caractère des jeunes chercheurs et les opportunités et défis auxquels ils sont confrontés pour devenir des leaders dans le monde de la recherche et avoir un impact plus large dans la société et dans le monde, est aujourd'hui indispensable.

Manque de bonne communication et de motivation

En RDC, l'accent n'a pas été mis sur l'élaboration d'un plan nouveau et moderne pour accroître la capacité des ressources humaines depuis des décennies.

D'une part, il est de tradition que le ministère de la Recherche scientifique, ou le ministère de l'Éducation lorsqu'il n'est pas dissous pour plaire à des alliés politiques, néglige son rôle de soutien à l'innovation dans le monde de la recherche ou d'incitation à la collaboration entre la diaspora et les chercheurs nationaux. En plus de ne pas relier les chercheurs et les institutions à travers le pays et le monde, cela ne renforce pas le rôle de la science dans l'élaboration des politiques ou dans la mise en œuvre des projets gouvernementaux.

En revanche, les jeunes chercheurs sont peu conscients de l'importance du travail en réseau, même s'il contribue à faciliter la collaboration, ainsi qu'à faire tomber les barrières entre disciplines et entre science et politique.

En conséquence, les chercheurs sont limités à diffuser les résultats de la recherche par le biais de revues universitaires locales ou à se limiter à leur « zone de confort » au lieu d'explorer les médias sociaux, d'écrire des opinions dans la presse écrite et en ligne, ou de devenir des personnes-ressources à la télévision et à la radio, apportant leurs recherches conclusions dans l'arène politique.

Les défis d'être un chercheur de classe mondiale

Les jeunes chercheurs congolais sont également confrontés à des défis liés au financement, à la culture de la recherche, à la faiblesse du mentorat et aux écarts entre les sexes.

Tout d'abord, dans le domaine du financement, ils rencontrent des difficultés pour obtenir des fonds de recherche de l'État ou d'autres sources. En conséquence, les jeunes chercheurs congolais ont du mal à produire des propositions de recherche de qualité ou à aborder des thèmes sophistiqués.

Il faut aussi reconnaître qu'en RDC la culture de la recherche qui encourage les relations de mentorat est encore faible.

Sans réseau, les chercheurs seront isolés et voyageront seuls lors de la recherche, de la diffusion des résultats, et ne seront pas vus par les parties prenantes concernées.

Il existe encore des écarts entre les sexes qui empêchent de nombreux jeunes chercheurs de développer les capacités cimentées par le sexe attribué aux carrières scientifiques au niveau secondaire. Le système d'incitation pour leurs activités de recherche est biaisé et défavorable. Cela correspond à des tendances dans de nombreux domaines de la recherche, dans divers pays du tiers monde.

En RDC, cette situation est encore exacerbée par une faible culture d'inclusion sociale.

Pour les jeunes chercheurs dans les universités, par exemple, le système actuel alourdit davantage les tâches d'enseignement - de la compilation du matériel de cours à l'évaluation des résultats d'apprentissage des étudiants - au lieu d'élargir leurs horizons pour générer des idées des solutions innovantes pour résoudre les problèmes sociaux ou pour moderniser l'économie.

Besoin de support « horizontal » et « vertical »

Compte tenu du potentiel et des défis auxquels sont confrontés les jeunes chercheurs congolais, un soutien supplémentaire est nécessaire pour qu'ils développent leurs capacités à la fois horizontalement et verticalement.

Horizontalement, il est douteux que la plupart des jeunes chercheurs l'aient effectivement acquis sous forme de formation et d'expérience tirées de leurs travaux de recherche. Même, sur le plan académique, la question se pose de savoir s'ils ont acquis une expertise dans leurs domaines scientifiques respectifs.

Pour le développement vertical, les jeunes chercheurs congolais manquent de soutien. Ils ont besoin d'aide pour développer des capacités complexes de leadership en recherche - de l'agilité à l'écosystème de recherche mondial en passant par des collaborations stratégiques plus larges avec de multiples parties prenantes.

Ce défi national nécessite un renforcement continu des capacités. Cela peut prendre la forme d'un mentorat ciblé, d'un mentorat pour des collaborations de recherche ou d'une variété de programmes de bourses.

Motif et vision clairs

Aux yeux du monde, la RDC est un scandale géologique. Le pays est à la fois loué pour le rythme sexuel de la rumba et méprisé pour être pollué par des milices et des bandits vicieux et des politiciens corrompus. Personne ne semble s'attendre à quelque chose de cérébral qui en sorte.

Dans un pays plein de faux prophètes et de Zéros se faisant passer pour des héros, il faut souligner que la qualité du raisonnement et l'accès d'un mentor comptent beaucoup.

Comment être professeur d'université et en même temps occuper un poste politique ou administratif exigeant ? c'est évidemment l'un des deux qui va pâtir en termes de performances ou d'attention. Comme le milieu universitaire ne paie pas cher en RDC, il est facile de repérer avec qui sera la victime. Pourtant, son impact sur la qualité et l'attitude de l'enseignement supérieur sur la trajectoire de développement d'une nation est épouvantable, mais s'estompe aux yeux et aux sentiments des Congolais en RDC.

Illustration du marasme intellectuel en RDC, les professeurs d'université se mettent en grève pour les salaires et traitements alors que le financement de la recherche est quasi inexistant. La part du PIB consacrée à l'investissement dans la recherche et le développement est un indicateur important, quoique relatif, du processus de modernisation. Cet indicateur varie entre 20 et 25% du PIB dans le monde.

Le développement et la modernisation ancrés dans l'innovation ont deux liens. Voilà le lien par lequel le développement engendre la modernisation. L'autre est le lien qui existe si la modernisation engendre le développement. Dans ce dernier cas, les nouvelles normes et valeurs sapent les idées et ambitions traditionnelles de développement. Et c'est là qu'il y a le blocage en RDC.

La caractéristique la plus importante de la modernisation est la modernisation économique qui est impossible sans le développement de la science, et la modernisation de la science se produit exclusivement en raison de la mise à niveau des programmes d'éducation pour améliorer la qualité des aspirations individuelles et nationales.

Il est beaucoup plus facile de fermer des établissements d'enseignement supérieur ou d'essayer d'entasser des enfants affamés sous de bons toits que de combler le fossé des connaissances et de l'information entre ceux qui vivent en RDC et le monde développé ou de moderniser ce qu'ils acquièrent et comment ils les acquièrent.

Ces raccourcis et solutions rapides ne feront qu'aggraver l'état des frustrations sociales et culturelles dans le pays et accumuler davantage de scandales administratifs et financiers.

De nombreuses technologies sont disponibles pour aider une nation à rattraper son retard, puis à former de jeunes esprits à participer et à contribuer au XXIe siècle.

La toile de fond de tout en RDC est le tribalisme ou la coutume traditionnelle. L'existence de plusieurs tribus et traditions est une richesse culture. Alors que le jubilé sur n'importe quelle autre sphère telle que militaire, politique, sociale ou économique, c'est un puissant poison social et économique. Ses conséquences sur la trajectoire de développement d'une nation sont catastrophiques et visibles.

Une fois que la justification de l'accumulation des contradictions dans le milieu universitaire est dissoute par une rémunération adéquate pour des obligations cérébrales exigeantes et que la tradition est isolée et contenue dans la bonne sphère, culturelle, les deux types de soutien, à la fois horizontaux et verticaux, sous une forme correcte et éditée , aidera les jeunes chercheurs congolais à acquérir des compétences basées sur des connaissances plutôt qu'en essayant d'appliquer les résultats ou les réflexions des autres.

De ce fait, ces âmes pourront éradiquer la malaria et réorienter, moderniser l'écosystème social et économique de la RDC et en faire la nation compétitive à l'échelle mondiale. Ou dirons-nous, rendre la RDC pertinente pour le monde avant la fin du XXIe siècle, selon ses propres termes et conditions.

La richesse des nations au XXIe siècle : astuces et tactiques

C'est avec un grand sens du contenu qu'un critique social peut rester une lumière ambiante, en particulier dans une pièce remplie d'oiseaux moqueurs, connus pour leur capacité à tout imiter, des sirènes aux grillons en passant par d'autres espèces d'oiseaux. Encore une fois, entre les moqueurs et les perroquets, lesquels sont les moins toxiques pour l'imaginaire des âmes délirantes ?

La richesse des nations, livre écrit par Adam Smith, philosophe moral écossais, initialement publié au XVIIIe siècle, décode la relation entre le travail et la production de la richesse d'une nation et dans lequel affirme que la richesse est créée par le travail productif, et que l'intérêt personnel motive les gens à tirer le meilleur parti de leurs ressources.

Au XXIe siècle, toutes les économies en plein essor sont alimentées et soutenues par la dette. Les pays développés utilisent la dette pour protéger des aspects précieux et proliférer les excès de la vie et maintenir une grande classe moyenne pour désamorcer les troubles civils à l'intérieur de leurs frontières.

Cependant, la raison de cette capacité n'est pas claire ou déformée dans les analyses économiques publiées par les organisations financières internationales ainsi que par les principales voix du développement économique.

La fouille

Malgré l'absence de théorie et de preuves impartiales, les habitants du tiers -monde ont toujours été assurés qu'une dette nationale élevée est un péché mortel. Tout en brandissant le fouet du FMI et de la Banque mondiale, leurs anciens propriétaires et les nouveaux bons nègres continuent de leur faire croire que lorsque la dette publique d'un pays atteint 90 % de son produit intérieur brut, la dette publique devient un fardeau qui ralentit la croissance économique et du revenu national et augmente le risque de catastrophe budgétaire.

La prescription pour une fois que la dette a atteint de tels niveaux, un gouvernement devrait réduire les dépenses et privatiser les entreprises publiques tout en étouffant ses citoyens pour augmenter les revenus de l'État afin de réduire le fardeau de la dette et de déjouer les pires problèmes sociaux.

Il n'est donc pas surprenant de les rassembler et de leur prêcher le contraire, une dette de mille milliards \$ devrait être l'objectif d'une nation comme la RDC ou Haïti, être vue comme un signe clair de folie.

La grande majorité de ceux qui ne fuient pas cette masse semblent inconscients de la complexité du casse-tête, pose la question "comment" en espérant une réponse rapide et courte. Ceux qui réalisent cela demandent plutôt "pourquoi" et s'assoient et se détendent.

Google nous rend-il stupides ? si nous sommes déjà stupides. Pour le reste, il apporte des faits et des chiffres à portée de main. Quoi qu'il en soit, c'est un tour de montagnes russes à travers un labyrinthe inondé d'informations détaillées de toutes sortes.

Ériger deux graphiques faciles à lire a nécessité des tonnes de frappe sur l'ordinateur portable et le smartphone, mais aussi la reformulation des questions encore et encore, et des nuits blanches à passer au crible les données du FMI, de l'ONU, puis de Global Firepower qui suit la dette extérieure de chaque nation, la dette publique et la dette privée seraient dues à des tiers (principalement la communauté internationale).

Des contradictions cachées à la vue de tous

Tableau 1

Rang	Pays	Dette extérieure 2022	PIB du FMI 2021	Rang	Dette/PIB	Ratio
		LES NATIONS LES PLUS ENDETTÉES				
1	États-Unis	20 275 951 000 000 $	22 939 580 000 000,00 $	1	88.39%	+
2	Royaume-Uni	8 721 590 000 000 $	3 108 416 000 000,00 $	5	280.58%	-
3	France	6 356 459 000 000 $	2 940 428 000 000,00 $	7	216.17%	-
4	Allemagne	5 671 463 000 000 $	4 230 172 000 000,00 $	4	134.07%	-
5	Pays-Bas	4 345 413 000 000 $	1 007 562 000 000,00 $	18	431.28%	-
6	Japon	4 254 271 000 000 $	5 103 110 000 000,00 $	3	83.37%	+
7	Australie	3 115 913 000 000 $	1 610 556 000 000,00 $	13	193.47%	-
8	Irlande	2 829 303 000 000 $	516 253 000 000,00 $	27	548.05%	-
9	Italie	2 463 208 000 000 $	2 120 232 000 000,00 $	8	116.18%	-
10	Espagne	2 338 853 000 000 $	1 439 958 000 000,00 $	14	162.43%	-
11	Canada	2 124 887 000 000 $	2 015 983 000 000,00 $	9	105.40%	-
12	Chine	2 027 950 000 000 $	16 862 979 000 000,00 $	2	12.03%	+
13	Suisse	1 909 446 000 000 $	810 830 000 000,00 $	20	235.49%	-
14	Singapour	1 557 646 000 000 $	378 645 000 000,00 $	38	411.37%	-
15	Belgique	1 317 513 000 000 $	581 848 000 000,00 $	25	226.44%	-
16	Suède	911 317 000 000 $	622 365 000 000,00 $	24	146.43%	-
17	Autriche	688 434 000 000 $	481 209 000 000,00 $	28	143.06%	-
18	Brésil	681 336 000 000 $	1 645 837 000 000,00 $	12	41.40%	+
19	Norvège	651 040 000 000 $	445 507 000 000,00 $	32	146.13%	-
20	Finlande	631 549 000 000 $	296 016 000 000,00 $	45	213.35%	-
21	Inde	555 388 000 000 $	2 946 061 000 000,00 $	6	18.85%	+
	Somme	73 428 930 000 000 $	72 103 547 000 000 $		188.28%	-
	Moyenne	3 496 615 714 285,71 $	3 433 502 238 095,24 $		101.84%	
	(-) Ratio Moyen	2 852 127 125 000 $	1 412 873 750 000 $		201.87%	-

Tableau 2

Rang	Pays	Dette extérieure 2022	PIB du FMI 2021	Rang	Dette/PIB	Ratio
	LES NATIONS LES MOINS ENDETTÉES					
1	Afghanistan	284 000 000 $	19 938 000 000,00 $	117	1.42%	+
2	Turkménistan	539 400 000 $	53 087 000 000,00 $	89	1.02%	+
3	République centrafricaine	779 900 000 $	2 587 000 000,00 $	179	30.15%	+
4	Érythrée	792 700 000 $	2 254 000 000,00 $	182	35.17%	+
5	Libéria	826 000 000 $	3 384 000 000,00 $	171	24.41%	+
6	Sierra Leone	1 615 000 000 $	4 407 000 000,00 $	169	36.65%	+
7	Suriname	1 700 000 000 $	2 817 000 000,00 $	177	60.35%	+
8	Tchad	1 724 000 000 $	12 345 000 000,00 $	144	13.97%	+
9	Botswana	2 187 000 000 $	17 605 000 000,00 $	125	12.42%	+
10	Soudan du Sud	2 250 000 000 $	3 263 000 000,00 $	172	68.95%	+
11	Kosovo	2 388 000 000 $	8 958 000 000,00 $	152	26.66%	+
12	Monténégro	2 516 000 000 $	5 494 000 000,00 $	163	45.80%	+
13	Bhoutan	2 671 000 000 $	2 480 000 000,00 $	180	107.70%	-
14	Libye	3 020 000 000 $	27 300 000 000,00 $	106	11.06%	+
15	Burkina Faso	3 056 000 000 $	19 932 000 000,00 $	118	15.33%	+
16	Madagascar	3 085 000 000 $	14 101 000 000,00 $	137	21.88%	+
17	Niger	3 728 000 000 $	15 637 000 000,00 $	133	23.84%	+
18	Mauritanie	4 150 000 000 $	9 164 000 000,00 $	151	45.29%	+
19	Mali	4 192 000 000 $	19 563 000 000,00 $	119	21.43%	+
20	République du Congo	4 605 000 000 $	12 744 000 000,00 $	141	36.13%	+
21	République démocratique du Congo	4 605 000 000 $	54 832 000 000,00 $	88	8.40%	+
	Somme	50 714 000 000 $	311 892 000 000 $		30.86%	+
	Moyenne	2 414 952 380,95 $	14 852 000 000,00 $		16.26%	+
	(-) Ratio Moyen	2 671 000 000 $	2 480 000 000 $		107.70%	-

Quand on compare les deux tableaux, on voit que les pays les plus riches en termes de PIB sont aussi de loin les pays les plus endettés en termes de dette extérieure.

Les 21 pays les plus endettés ont une dette mondiale de 73 000 milliards $, soit plus que la somme de leur PIB (72 000 milliards $), et une dette moyenne de 3 500 milliards $ chacun.

En revanche, les moins endettés ont au total 50 milliards $, soit 1/6 de leur PIB (311 milliards $), et en moyenne 2 milliards $ ce qui est dérisoire par rapport aux plus endettés.

Pire encore, sur les 21 pays les plus endettés, 16 sont au-dessus de leurs têtes en ayant plus de dette extérieure que la valeur estimée de leur économie (PIB). Ce groupe a une dette moyenne proche de 3000 milliards $. Alors que, dans le même cas, il n'y a qu'un seul des 21 pays les moins endettés, et il doit 2 milliards $.

C'est ainsi que l'on peut dire que les plus endettés qui se trouvent être les plus développés et les plus riches en termes de PIB sont en très mauvaise posture par rapport aux nations les moins endettées qui sont toutes parmi les plus pauvres du tiers-monde.

Cependant, les lignes directrices pour un pays du tiers monde confronté à cette situation vont à l'encontre de la sagesse observée dans la partie développée du monde.

Le tableau 1 et la frénésie des dépenses pour prévenir ou contenir les embarras économiques tels que ceux déclenchés par le COVID, indiquent que les règles et les remèdes imposés aux pays pauvres sont ignorés par les pays développés lorsqu'il s'agit de maintenir la sécurité sociale et économique de la plupart des personnes vivant à l'intérieur de leurs frontières.

Il en va de même pour la transition de la Chine vers une plus grande dépendance des consommateurs chinois, qui repose à son tour sur une forme d'endettement, l'endettement des ménages.

Le tableau 2 et l'attitude générale dans le Tiers-Monde à l'égard d'une dette nationale élevée montrent la naïveté des pays pauvres en PIB, qui se trouvent également être les moins endettés, en matière d'astuces et de tactiques de développement social et économique du XXIème siècle.

Rythme cardiaque différent

La composition de la dette des nouveaux membres du club fermé comme la Chine est différente de celle des autres pays développés.

Depuis le début du XXIe siècle, la croissance de la Chine a été tirée par des investissements massifs dans les infrastructures et l'immobilier parrainés par le gouvernement et financés par la dette, principalement fournis par des banques appartenant au gouvernement.

Dans la Chine communiste, le secteur des entreprises représente une grande partie de la dette totale. Pendant ce temps, la dette publique représentait la plus grande part de la dette totale aux États-Unis, en France et au Japon, ironiquement fervents partisans de la concurrence bestiale du capitalisme.

Un boom économique alimenté par la dette et le sillage de la crise financière mondiale ont aidé la Chine à dépasser le Japon en tant que deuxième économie mondiale en 2010. Depuis lors, la Chine tente de rattraper et de dépasser les États-Unis, le numéro un.

Exceptionalisme américain

Il est beaucoup plus facile de gérer les dettes libellées dans votre propre devise.

Un pays comme la RDC, l'Argentine ou l'Inde qui doit de l'argent à d'autres pays, doit payer des intérêts dans une devise étrangère (le dollar américain) qui les met dans une inquiétude perpétuelle et peut-être forcé de faire défaut sur sa dette.

D'autre part, le gouvernement américain paie des intérêts en dollars américains. Même si une partie de la dette est due à des étrangers, les États-Unis n'ont pas besoin d'obtenir des devises étrangères pour la payer ; ils peuvent juste l'imprimer.

Et tant que d'autres continueront avec enthousiasme à détenir des obligations du gouvernement américain, il n'y aura aucun besoin de les payer, au lieu de cela, la dette pourra être reconduite à mesure que de nouvelles obligations remplaceront les anciennes.

Le bénéfice caché du mécanisme

Il y a lieu de s'irriter de la dette colossale que continuent d'accumuler les pays développés, comme les Etats-Unis qui doivent 20 000 milliards \$ de dette extérieure, les Britanniques 8 000 milliards \$, les Français 6 000 milliards \$ et les Chinois 2 000 milliards \$.

Ce qui est troublant, c'est le montant et le niveau de la combinaison de tous les prêts étudiants, soldes de cartes de crédit, prêts automobiles et autres types de marges de crédit et de dettes hypothécaires contractés par leurs ménages.

Les États-Unis sont de loin le leader ici avec une dette intérieure de 14,6 billions \$. Il n'est pas surprenant que la Chine arrive en deuxième position avec ses 10 200 milliards \$, puis le Japon avec un encours total de 3 400 milliards \$. Vient ensuite le Royaume-Uni avec 2,7 billions \$. L'Allemagne et la France suivent avec respectivement 2,3 billions \$ et 2,2 billions \$. Le Canada et l'Australie ont chacun 1 900 milliards \$ d'endettement des ménages, la Corée du Sud 1 800 milliards \$, l'Italie 1 100 milliards \$ et les Pays-Bas et la Suisse 1 000 milliards \$ chacun. L'Espagne est juste à côté de la liste des billions avec 918 milliards \$.

En 2020, la dette totale moyenne des ménages américains était de 92 727 \$. Les prêts étudiants et les prêts et baux automobiles contribuent pour plus de 1,5 billion \$ et 1,3 billion \$, selon les statistiques sur la dette des ménages.

Une fois le brouillard dissipé, on se rend compte que ce ne sont pas seulement les gouvernements des pays développés qui disposent de cet outil de fraude, le surendettement, mais aussi leurs résidents.

Pourquoi la dette des ménages et des États dans ces pays peut-elle atteindre des montants aussi faramineux ? La synchronisation entre des valeurs inventées ou calibrées comme le PIB ou le salaire minimum et les dettes réelles.

Vaches

Pour 2021, l'Organisation pour la coopération et le développement économiques a indiqué que le Danemark a le ratio dette/revenu des ménages le plus élevé au monde, 258,60 %. Et que la Norvège et les Pays-Bas arrivent juste après avec 245,97 % et 230,42 % chacun. La Suisse, l'Australie, la Corée du Sud et la Suède complètent la liste des pays avec un taux d'endettement des ménages supérieur à 200 %, avec respectivement 221,77 %, 202,14 %, 200,70 % et 200,43 %. Le ratio dette/revenu des ménages américains est de 101,11%, un peu plus celui de l'Allemagne, 99,30%.

Pour que les nations pauvres les rattrapent en termes de taille de la dette des ménages et en profitent, augmenter le ratio dette/revenu des ménages ne fera pas tout à fait l'affaire.

Pour mieux illustrer cela, si le taux d'endettement des ménages est fixé à 258,60 % pour les résidents des pays à faible revenu, cela ne signifiera rien dans des pays comme la RDC qui a un revenu médian estimé à 395 $/an ou le Turkménistan, 706 $/an.

Il est clair que les pays où l'endettement des ménages est très élevé sont ceux qui ont les revenus individuels les plus élevés, et dans la plupart des cas le plancher étant fixé haut par le salaire minimum, sans plafond.

Burger King et McDonald's, les célèbres fast-foods, paient les travailleurs, qui sont pour la plupart des adolescents, 20 dollars de l'heure au Danemark.

Le salaire minimum en Australie - 14,54 $/h, Royaume-Uni 11,37 $ (2 087,2 $/mois), Allemagne - 10,68 $, Canada - 10,33 $/h (1 550,9 $/mois), Corée du Sud - 8,99 $/h (1 646,9 $/mois), Espagne - 7,30 $/h (931,6 $/mois), États-Unis - 7,25 $ US/ h (1 256,7 $/mois).

Alors que dans le groupe le moins endetté, le salaire minimum mensuel est horrible, comme en Afghanistan - 70,8 $, Madagascar - 49,0 $, République démocratique du Congo - 39,6 $, Libye - 160,4 $, en Sierra Leone - 55,5 $, en Haïti - 160,4 $.

La charrue

Un parallèle peut être établi entre le plancher salarial et les recettes publiques et projeter la même ironie entre les nations les plus endettées et les moins endettées.

Compte tenu de l'accès rapide aux données, nous pouvons scruter 2017.

Parmi les pays les plus endettés, les revenus du gouvernement américain étaient de 3,315 milliards $, l'Allemagne - 1,665 milliard $, le Japon - 1,714 milliard $, le Canada - 649,6 milliards $, la Chine - 2 553 milliards $.

Alors que pour les moins endettés, les revenus en Afghanistan étaient de 2,276 milliards $, à Madagascar - de 1,828 milliard $, au Niger - de 1,757 milliard $, en République démocratique du Congo - de 4,634 milliards $, en Haïti - de 1,567 milliard $.

Il faut ajouter que les pays très endettés ont des déficits publics très élevés.

Rien qu'en 2020, le déficit était aux États-Unis - 3,8 billions $, en Chine -1,7 billion $, en Allemagne - 0,3 billion $, au Japon -0,6 billion $, au Royaume-Uni -0,4 billion $.

Par où commencer pour craquer ou profiter du système truqué

À ce stade, il est juste de se demander comment, au XXIe siècle, le niveau de vie d'une nation peut-il être propulsé ? eh bien, les bœufs doivent d'abord brouter beaucoup de vraie herbe verte, ou pour dire devenir une nation à revenu élevé, puis mettre les bœufs bien nourris avant la charrue.

Il est utile de comprendre par où commencer dans la dernière partie du XXIe siècle pour construire un immense château de cartes socio-économiques ; relever le plancher, le salaire le plus bas autorisé par la loi ou par convention spéciale. Celle-ci étant la valeur nominale minimale, en monnaie locale ou en $, attachée à un être humain vivant sur un territoire, les tiers-mondistes doivent se convaincre qu'ils sont dignes de s'offrir des services modernes et le mode de vie des économies avancées.

Profiter du système socio-économique mondial truqué de manière inclusive, de préférence le tour de magie ancré à un taux de chômage inférieur à 10%. Cela représente un défi supplémentaire aussi délicat que le premier pas dans la bonne direction.

Cependant, si l'on est sans peur et sans cœur, il y a la voie chinoise ; pompe directement dans les veines de l'économie nationale des barils de stéroïdes fabriqués dans sa propre cour, et reste dans la salle de gym jour et nuit pendant au moins une génération pour façonner ces muscles économiques dans une forme raisonnable ou tolérable, et devenir « Too Big To Fail ».

« Quand les faits changent, je change d'avis. » a avoué Thomas Sowell. Pour tourmenter les âmes du tiers-monde, je dois leur poser la question de John Maynard Keynes : « Que faites-vous, monsieur ? »

Les pays développés (également tous les plus endettés au monde) ont depuis longtemps identifié l'endettement croissant comme une menace potentielle pour leur stabilité économique. Ceux qui y vivent, même les immigrés des pays les plus pauvres, s'en fichent ; le statu quo profite à tout le monde. Et pendant leurs campagnes présidentielles, les candidats se sont constamment engagés à réduire la dépendance de l'économie à la dette pour la croissance. Rien n'est fait une fois qu'ils sont au pouvoir.

Dans le monde développé, même en Chine, l'intérêt national ou l'addiction à l'endettement forcent en quelque sorte l'État à se réduire à une structure de soutien permettant à son peuple de faire des folies sur son potentiel financier spéculatif individuel.

Le véritable but de ce long sermon est d'éclairer ceux du tiers-monde pour qui leur gouvernement et leurs soi-disant intellectuels se perdent dans des sophismes et des feuilles de route dépassées, sur la clé du développement social et économique d'une nation au XXIe siècle.

Un ou deux sièges permanents au Conseil de sécurité de l'ONU n'est pas la solution. Au contraire, dissoudre la Banque mondiale et tirer les leçons de l'injustice des droits de tirage spéciaux de chacun, accroître l'influence des pays du tiers monde au sein du FMI en reconfigurant cette institution, contribuera à décoloniser les règles du jeu au sens commun.

Mais pour que les nations pauvres rattrapent les nations développées, un boom économique, ou comme je l'appelle la tricherie nationale, est nécessaire.

De nos jours, la richesse des nations ou le niveau de vie d'un pays n'a rien à voir en premier lieu avec la force musculaire des habitants ou leur asservissement ou, disons simplement, leur capacité à produire des biens et des services. Au contraire, il est défini par la capacité d'une nation à saisir et à mettre en œuvre les astuces et les tactiques de l'économie politique du XXIe siècle.

En d'autres termes, le déclencheur du boom économique ne repose pas sur la quantité de capital humain, comme certains le suggèrent, mais sur la qualité des moyens individuels de participation, d'engagement ou d'implication dans cette arnaque.

La qualité des moyens individuels de participation, d'engagement ou d'implication est étroitement liée à la richesse des individus, ce qui au XXIe siècle signifie pour les pays développés toutes sortes de revenus plus toutes sortes de dettes, favorisant ainsi le biais entre hauts revenus et hautes dettes des individus et leur nation afin d'accroître l'accès au capital pour financer l'expansion et le maintien d'une large et prospère classe moyenne, un facteur important dans une nation.

C'est aux gens piégés dans le cercle vicieux de la misère humiliante du tiers-monde de prendre à cœur ce dénouement de l'énigme pour soit amener leur nation à rejoindre la ligue des nations développées, soit exiger l'universalisation de la tricherie. Quelle que soit la voie choisie, elle doit être inclusive en favorisant l'innovation à l'ère numérique et en s'attaquant aux inégalités dans l'accumulation des richesses.

Meilleure alternative à l'attribution de droits de tirage spéciaux (DTS)

Dans la meilleure partie du monde, lorsque le charme d'une crise économique fournit un alibi pour lancer les imprimeurs de billets de banque, les libéraux et les conservateurs se liguent pour museler Friedman et abuser des politiques prescrites par Keynes pour inciter les consommateurs à continuer de dépenser. Pour lutter contre les perturbations économiques causées par la COVID-19, les gouvernements ont augmenté la dette afin de fournir un soutien financier aux ménages et aux entreprises.

Les États-Unis ont jeté plus de 5 billions $, dont deux paiements directs en espèces aux Américains et aux petites entreprises et commerces pour préserver le style de vie et les industries américaines. Pour ne pas être en reste, l'engagement du Japon en matière de dépenses et le programme européen dépassent chacun 2 000 milliards $.

Il y a une équité logique dans l'idée que les dépenses publiques contribueraient à stimuler la productivité et à stimuler la consommation ou les dépenses des consommateurs. Les dépenses publiques doivent encore libérer le monde développé du piège de la *surefficacité* qui alimente la dépendance à l'oxycodone des masses : la capacité à résumer et à dépenser des revenus futurs présumés, qui a transformé les consommateurs en acheteurs, en acheteurs compulsifs.

Le consensus est que toute dette doit être payée à terme, et si elle n'est pas payée aujourd'hui, elle le sera par les générations futures. Alors que les pays les plus endettés donnent le coup d'envoi, la base de données mondiale sur la dette du FMI montre que la dette mondiale totale (publique et privée) a déjà franchi la barre des 200 000 milliards $. L'ironie est la suivante : les pays pauvres sont les moins endettés, tandis que les économies les plus avancées ont une dette nationale époustouflante et n'envisagent pas vraiment d'arrêter cette tradition de duperie de sitôt. C'est politiquement désagréable, que vous soyez dans une démocratie ou non. Pourtant, il existe un moyen d'effacer plus de la moitié de la dette mondiale tout en rendant le gain du triomphe inclusif.

C'est pourquoi il y a à se demander comment effacer plus de la moitié de la dette mondiale tout en rendant le gain du triomphe inclusif ?

Un *programme d'allègement de la dette des nations très endettées* (NTE) verrait chaque compte national crédité de 1 000 milliards $. En supposant que le solde soit positif, 25 % devraient être dépensés pour les infrastructures, 25 % pour les programmes sociaux, et le reste pour subventionner l'augmentation du salaire minimum universel à 2 dollars de l'heure. La Banque mondiale et le FMI pourraient être ceux qui surveillent tout le monde, leur nouvelle raison d'être.

Résultat social et économique le plus évident pour les pays les plus endettés, il diminuera la pression pour réduire leurs programmes sociaux ou augmenter les impôts de leurs citoyens. Pour la majorité des moins endettés, il fournira plus de fonds que nécessaire pour améliorer leur situation socio-économique, ce qui à son tour sauvera des vies innocentes en faisant dérailler des troubles civils meurtriers.

Comme les nations qui se retrouveront avec un tas de liquidités seront aussi les moins développées, sous le terme de dépenses excédentaires, elles chercheraient logiquement une modernisation rapide plutôt qu'une industrialisation. Les individus dans les économies avancées sont ceux qui ont les moyens de participer, de s'engager ou d'être impliqués dans une entreprise ou un dialogue moderne. L'entremêlement des deux aspects créerait de nouvelles perspectives pour les particuliers et les entreprises des pays développés, tandis que la concurrence entre eux présenterait une gamme de choix de qualité pour les pays en développement.

Ce faisant, en termes d'indicateurs économiques majeurs, les résultats prévisibles sont comme arroser trois plantes délicates avec un seul tuyau. Elle générera dans les économies avancées, qui sont aussi les plus endettées et ne peuvent sortir de leur trappe à efficacité, qu'elles connaîtront une augmentation durable de la production industrielle, des investissements et des dépenses de consommation. Surtout, les pays de toutes les stratosphères économiques en bénéficieraient, car NTE soutiendrait la croissance de l'emploi et ferait baisser les taux de chômage. Ce faisant, il stopperait la migration des pauvres vers ce qui est considéré comme le pays du lait et du miel.

Même si les dirigeants des pays pauvres gaspillent toute la manne financière dans des affaires et des projets louches avec l'aide de vautours financiers et de mercenaires, le niveau de vie global de leurs citoyens sera moins atroce. L'humanité améliorerait l'état de pauvreté universelle, qui est actuellement horrible et primitif.

Décolonisation de l'identité africaine

Même avec l'incroyable quantité d'informations et d'outils à portée de main, les Africains n'ont toujours pas compris ce qui fait que l'Union africaine (UA) est incapable "d'accélérer le processus social pour l'intégration économique du continent" ou "de réaliser une plus grande unité, cohésion et solidarité entre les pays africains et les nations africaines ".

Il en va de même pour son prédécesseur, l'Organisation de l'unité africaine (OUA) dissoute en 2002 qui a pathétiquement échoué à "garantir que tous les Africains jouissent des droits de l'homme " et à " élever le niveau de vie de tous les Africains ".

Eh bien, 3 grands murs font des refrains des organisations africaines tout comme des initiatives majeures parrainées par des tyrans africains telles que le passeport africain, la monnaie unifiée, l'autoroute transcontinentale ou le rêve des États-Unis d'Afrique les moins pertinents pour les Africains et les plus toxiques pour le désir des Africains d'être modernes et compétitifs.

D'abord, le mur émotionnel

La nationalité en Afrique, qui se définit pour l'essentiel par l'appartenance à une tribu dont l'existence est indiquée dans un registre colonial. Cela établit des "barricades émotionnelles" au sein des nations africaines et entre elles.

Pour décoloniser et humaniser ce que c'est qu'être africain en s'écartant des instincts primitifs tribaux ou religieux, au lieu du "jus sanguinis" selon lequel la citoyenneté est déterminée ou acquise par la nationalité ou l'ethnie d'un ou des deux parents, le "jus soli" (droit du sol), droit de toute personne née sur le territoire d'un État de nationalité ou de citoyenneté, devrait être le seul principe sur tout le continent africain.

Deuxièmement, le mur économique

A l'instar de ce qui arrive aux immigrés africains en Europe, les Africains venus d'ailleurs subissent des discriminations et même des violences dans le pays africain à cause du credo irrationnel de la "préservation des privilèges sociaux et économiques", qui sont des illusions, pour les peuples autochtones.

Pour asphyxier ce phantasme, l'instauration d'un "salaire minimum continental" ouvrirait davantage de possibilités de mobilité sociale et économique sur le continent.

Troisièmement, le mur social

La réalité frustrante des générations non préparées qui s'empilent les unes sur les autres est un autre poison lorsque les manœuvres politiques reposent sur la capacité à créer le chaos ou l'appartenance tribale plutôt que sur la cohérence d'une proposition sociale et économique.

Le "manque d'engagement à passer le relais" pousse de jeunes esprits comme *Robert Kyagulanyi Ssentamu*, connu sous le nom de Bobi Wine, en Ouganda comme ailleurs sur le continent, à rechercher un siège politique avec une motivation biaisée en termes sociaux et économiques.

Le remède est une résolution de "deux mandats" pour tous les postes élus sur le continent et un consensus autour de l'âge de la retraite et du salaire.

Puis encore, la " myopie de l'économie politique " dans l'esprit africain étend la notion du péché de la dette nationale. Il ne vaut rien que les nations développées PIB élevé ne signifie pas que ces pays produisent plus de biens, mais plutôt cacher le fait qu'ils subventionnent fortement, directement et indirectement, leur secteur des services en raison du piège de la sur-efficacité.

L'Afrique doit cesser de se représenter comme une destination touristique glamour ou comme une vaste terre et ses habitants mûrs pour une exploitation économique impitoyable ou une expérimentation sociale inhumaine. C'est l'occasion de réimaginer ce que c'est qu'être africain, ce qu'est l'expérience africaine, et surtout ce que vaut un Africain.

Pour guérir l'âme africaine, il existe un impératif moral pour l'ensemble du continent africain de reconnaître le rôle qu'il a joué pendant la traite des esclaves et de présenter des excuses sincères aux descendants de ceux qui ont été chassés, capturés, non castrés, battus, brisés avant d'être vendus aux enchères à des Perses, des Arabes et des Européens au sang-froid. Et ceci indépendamment de ce qui est arrivé à ces vils marchands africains et à leurs descendants par la suite ; une colonisation brutale !!

Cycle économique au XXIe siècle, la cause et le remède

Les barons voleurs et les capitaines d'industrie tentant désespérément d'échapper à leurs responsabilités, les hommes blancs de la classe ouvrière ont été encouragés à acquérir par eux-mêmes de meilleurs moyens de s'engager, d'abord dans une usine, puis dans une entreprise.

À la fin du XXe siècle, les femmes blanches étaient reconnues comme des êtres humains et devaient être exploitées comme les hommes blancs pauvres. D'une manière ou d'une autre, tous les autres ont également trouvé leur chemin à travers l'âge d'or de l'auto-esclavage dans le mille-pattes humain.

Comme nous sommes tous devenus des esclaves efficaces, les crises économiques sont plus fréquentes.

Beaucoup de choses se sont passées depuis 1819, lorsque Jean Charles Léonard de Sismondi a écrit "nouveaux principes d'économie politique", dans lequel il identifiait la cause des cycles économiques comme étant la surproduction et la sous-consommation, et blâmait l'inégalité des richesses.

Aujourd'hui, il existe un certain nombre de verdicts différents.

Finn E. Kydland et Edward C. Prescott soutiennent que le cycle économique est dû à des variations aléatoires du facteur de productivité totale. Pour Raymond Vernon, il s'agit du cycle de vie des biens commercialisables. Michael Kalecki pointe du doigt les hommes politiques. Richard M. Goodwin a canalisé l'esprit de Karl Marx pour souligner l'augmentation du pouvoir de négociation des travailleurs qui conduit à une rupture de l'accumulation du capital. Ludwig von Mises et Friedrich Hayek descendent la colline en criant que c'est l'émission excessive de crédit par les banques. Lorsque Henry George prend la parole et affirme que la fluctuation des prix des terrains est à l'origine de la plupart des cycles économiques, tout le monde ne peut s'empêcher de rire aux larmes.

En bref, il n'y a pas de consensus.

Chaque doctrine dominante comprime l'histoire d'amour avec des désillusions indomptables. En tentant de démystifier le pourquoi et le comment du cycle économique, les moralistes et les théoriciens ont été pris au piège de ce qui anime le capitalisme et de la manière dont il évolue.

Les bulles et les effondrements économiques nous ont tous rendus paranoïaques et frustrés. Richard

Goodwin fait le lien entre *Marx-Keynes-Schumpeter* (M-K-S) pour nous convaincre qu'il existe des périodes transitoires récurrentes et inévitables.

Karl Marx affirme que l'égoïsme des capitalistes fait que, de temps à autre, le système s'effondre. La prescription de Maynard Keynes, lorsque l'enfer se déchaîne, le gouvernement doit intervenir en distribuant de l'argent à l'Armée de Réserve du Travail pour atténuer la douleur et proposer des plans énormes pour réduire leur anxiété tout en les maintenant en forme. Tandis que Joseph Schumpeter rassure que, tôt ou tard, quelqu'un trouvera quelque chose de nouveau pour réorienter notre envie et créer une nouvelle ruée.

Mais l'énigme du cycle économique du XXIe siècle, dans sa sophistication, repose sur une caractéristique clé du nouveau changement de paradigme.

Bien que la volatilité cyclique soit devenue plus dramatique à mesure que la prise de conscience s'est accrue grâce aux satellites et à Internet qui ont étendu les communications au monde entier, la profondeur des récessions a considérablement diminué.

Lors de la crise des prêts hypothécaires à risque ou lorsque le covid-19 a secoué le monde, les gens n'ont pas été contraints de vivre dans une pauvreté absolue comme ils l'ont été pendant la grippe espagnole ou la Grande Dépression.

Le commun des mortels qui acquiert et possède ses moyens d'engagement, de participation ou d'implication est devenu une culture mondiale. Au lieu d'une grande armée de réserve de main-d'œuvre, les barons voleurs et les capitaines d'industrie avides de complots ont en fait produit un surplus de corsaires ou d'entrepreneurs prêts à agir.

Lorsque l'on analyse la nature du commerce aujourd'hui, on constate qu'il y a plus d'entreprises que de commerces. Les économies se déplacent du secteur industriel vers le secteur des services.

Et donc, le cycle économique du XXIe siècle est causé par les manœuvres des pays développés pour atténuer la sur-efficacité. Les explications qui précèdent en sont un sous-ensemble.

L'oxycodone des pays développés, qui accumulent des déficits élevés, et de leurs habitants, qui accumulent les dettes des ménages, ajoutée à l'inefficacité excessive du tiers monde, rend impossible d'éviter une navigation plus difficile.

Le remède, l'Éthosisme ?

Le contrat psychologique entre la classe ouvrière et les capitaines d'industrie est resté la même règle de répartition des richesses et du pouvoir pendant des siècles, même si le postulat a perdu depuis longtemps sa validité.

Pour les mauvaises raisons, le capital est toujours défini comme la partie de la richesse qui a été consacrée à l'obtention d'autres richesses, comme l'a déclaré Alfred Marshall.

Mais au XXIe siècle, le capital est le moyen d'obtenir de la richesse par l'interaction avec d'autres, c'est-à-dire qu'au lieu du nombre moyen d'heures de travail, c'est la qualité des moyens mis en œuvre dans une entreprise pour produire une marchandise ou fournir un service qui détermine les prix relatifs.

Il convient de noter que les humains sont passés de ce qui aujourd'hui n'est ni une subsistance ni un sentiment, plutôt une valeur de proximité soulignant la propension à l'action qu'une entreprise tout comme un établissement cherchent à en tirer profit.

Ce que tout cela signifie, c'est que l'argent n'est pas la seule source de tout surplus. Le travail ne l'est pas non plus. Et donc, la répartition des surplus doit se faire de chacun selon ses moyens, et non plus vers chacun selon ses besoins.

Le système de récompense "deux poids deux mesures" en terme nominal pour ceux qui sont qualifiés de classe ouvrière et en pourcentage du surplus pour les argentiers a perdu sa raison d'être.

La notion de salaire doit être rejetée de notre conscience collective. Pas de report du rêve sous forme d'équité ou même de commission, mais le pourcentage du surplus pour tous devrait être la nouvelle règle.

A la manière de Marx, S+V+C devient simplement S+C.

Sur la base de cette conception, le taux de profit n'est pas seulement pour le soi-disant capitaliste individuel mais pour tous ceux qui sont entrés dans le jeu du profit en liant leurs moyens d'engagement, de participation ou d'implication dans l'affaire ou l'entreprise. Le travail n'est plus considéré comme un coût, mais comme un élément du profit, comme il se doit.

Dans ce contexte, la classe ouvrière n'est plus un coût mais un des profiteurs, comme elle devrait l'être.

Par conséquent, l'Éthosisme élimine l'intermédiaire, l'État, du processus de répartition des richesses. Et ce d'autant plus que l'État est le garant des barrières injustes et de l'inégalité des richesses en étant dans le capitalisme le Robin des Bois qui vole les pauvres et donne aux riches, Robespierre dans le communisme, le gardien de prison dans le socialisme et Dracula pour les pays du tiers monde quel que soit le système économique et politique adopté.

Elle ralentira la prolifération des milliardaires tout en répandant une prospérité fondée sur le bon argument. Elle mettra également un terme à la dépréciation de l'expérience humaine qui cause de graves dommages environnementaux menaçant notre propre existence.

L'impératif de faire de la nation une expérience sociale et économique agréable pour tous

La RDC conjugue à la fois des injustices socio-économiques structurelles et persistantes et une démocratie loin d'être inclusive. Cette triste réalité résulte de la guerre froide et des vagues de plans économiques néolibéraux, de la macroéconomie du tiers-monde, jusque-là incontestées et incontestées.

La constitution congolaise définit la manière dont chaque individu est censé avoir la possibilité d'adresser ses griefs au gouvernement, de s'organiser et d'apporter des changements positifs. Cependant, les canaux institutionnels de représentation sont-ils façonnés pour prêter une oreille attentive ou répondre aux angoisses des citoyens congolais ordinaires ? les Congolais ordinaires sont-ils capables de diagnostiquer la cause de leurs maux socio-économiques et la modestie de leur poids politique ? Telles sont les questions centrales posées sur la pertinence de ses études académiques et de son élite intellectuelle, deux choses confondues pour être les mêmes en RDC.

Je sais qui je cherche à être dans le monde. J'apprends à chaque voyage dans et hors du berceau de l'humanité que je suis en tant qu'Africain. Quant à être congolais, je suis troublé par le fait que nous soyons encore un groupe d'âmes sans argument vigoureux pour justifier notre attachement national. Chaque Congolais devrait faire une pause et prendre le temps de redéfinir sa raison d'être en termes sociaux et économiques avant tous les autres en tant que nation.

Il faut d'abord admettre qu'être congolais est purement circonstanciel. Il est donc dans notre intérêt de faire de l'expérience ou de l'union congolaise une expérience culturelle, sociale et économique agréable pour tous, ce qui n'est pas encore le cas pour tous sauf pour certains qui jouissent des délires de l'opulence.

Il est facile de se décourager face aux perspectives de la RDC en écoutant attentivement ce que les acteurs politiques, les passagers de la salle d'attente de l'aéroport de Ndjili et le duo *MPR* ont à dire sur l'état actuel de la nation. Pire encore, juxtaposer la conversation entre les membres de l'élite congolaise sur leurs espoirs et leurs aspirations avec la place de la RDC dans les classements socio-économiques mondiaux est à la fois dégoûtant et traumatisant.

Après avoir disséqué la symbiose politique congolaise, il y a beaucoup à dire sur la motivation primitive des guides et la paresse émotionnelle des guidés. En d'autres termes, les politiciens semblent être inconscients de leur héritage de la même manière que les mortels congolais sont inconscients du manque de boussole morale et de sophistication des objectifs de l'État à tous les niveaux.

Y a-t-il des gens parmi nous qui se soucient de nous et savent bien prendre soin de nous et nous guérir ? Bien sûr que oui !! J'en rencontre des tonnes jour et nuit, en ville ou dans les trous noirs de la nation, à l'intérieur et à l'extérieur du pays.

Mais encore, dans nos dialogues, nous oublions un point beaucoup plus important et un méchant très vicieux dans le débat. Le vrai problème, ce ne sont pas les pauvres eux-mêmes, et ce n'est pas la société.

Y a-t-il une meilleure façon de lutter contre la pauvreté dans ce pays que ce que nous avons fait ? Pourquoi les Congolais sont-ils pauvres ?

Le grand mur, c'est d'abord comment on définit l'objectif. Il faudrait plutôt poser le problème avec une obsession sans pareille : Pourquoi les Congolais sont-ils pauvres en RDC ? Mieux encore, y a-t-il une meilleure façon de créer des fortunes et une classe moyenne congolaise dynamique, ou des millionnaires congolais comme certains ont intégré le résultat net, dans ce pays que ce que nous avons fait ?

Sûr !!

Pour cela, nous avons besoin d'un boom économique plus que de croissance. Cependant, rien n'a sorti plus de personnes de la pauvreté que le boom économique lorsqu'il est fait de manière moderne. En d'autres termes, cela ne sortira les gens de la pauvreté ou n'élargira et n'enrichira une classe moyenne que s'il est inclusif, si tout le monde peut participer à une économie en plein essor.

Ensuite, ce qu'il faut vraiment faire, c'est examiner sans froideur ni s'énerver ce qui empêche les Congolais de la RDC de briser l'humiliation sociale et de générer la sécurité économique.

En 1981, Ronald Reagan a déclaré aux Américains : "Le gouvernement n'est pas une solution à notre problème ; le gouvernement est le problème."

Une question centrale abordée sous plusieurs angles : Pourquoi le gouvernement est-il le problème ? Dans le cas de la RDC, il y a plusieurs raisons.

Contrairement au consensus, les moyens financiers ne sont pas ce qui manque à l'Etat pour sa politique. L'incapacité de sortir des sentiers battus pour tenter d'induire un développement social et économique au rythme moderne est de plus en plus apparente. En d'autres termes, il y a un manque de politiques publiques rationnelles et d'idéologues modernes ou matures en politique et en économie sociale.

Pour illustrer ; lorsque l'Assemblée nationale introduit une augmentation des récompenses et des salaires de ses membres, l'armée et la police exigent à leur tour plus de parts du petit gâteau national et les infirmières et les médecins gémissent pour une rémunération juteuse en utilisant les mêmes prétextes et orgueil. Il ne vient pas à l'esprit de ces groupes égoïstes que l'augmentation du salaire minimum est la solution pacifique et rationnelle pour tous les Congolais.

La nation regorge d'histoires de quêtes sociales déroutantes et de chevauchées économiques vers nulle part. Pourquoi est-il si difficile en RDC de promouvoir le progrès social et économique ? Ce n'est pas comme si nous n'y aspirions pas. Pourquoi est-il difficile pour les Congolais de comprendre que les citoyens comptent plus que l'État ? Ce n'est pas comme si nous n'avions pas la capacité cérébrale de le déchiffrer. Je continue d'essayer de saisir les principes politiques d'un développement social et économique sacrificiel, mais je continue de sortir les mains vides.

À l'origine de beaucoup se trouve l'intérêt personnel bureaucratique qui épouse des ambitions politiques primitives en conflit avec l'intérêt public. Cependant, la façon dont nous définissons qui est congolais, le mode de sélection ou de participation politique (vote indirect ou liste) et le système de gouvernement (semi-présidentiel) aggravent cette faille.

La principale caractéristique du colonialisme était la doctrine du pillage des colonies en collectant des impôts et en envoyant tous les revenus de l'extraction et de l'exportation des métaux précieux des colonies vers la métropole. Les communautés locales n'avaient pas leur mot à dire dans l'exploitation des ressources. Des investissements relativement faibles ont été faits dans le bien-être social, économique et politique des indigènes, car pour les colons, le statu quo était une mer sans fin. Certains indigènes qui se sentaient presque aussi humains que les colons réussiront d'une manière ou d'une autre à acquérir une indépendance émotionnelle vis-à-vis de leurs nations. Le rêve des gangs intellectuellement lilliputiens était de construire des nations complètement libérées. Le vrai péché de ces demi-dieux était de ne pas savoir marteler et établir une politique économique éprouvée et légitime. Les effets des abus psychologiques s'avèrent aujourd'hui irréversibles.

Les conséquences économiques la plus grave de la méthode extrinsèque de colonisation n'est pas si évidente, car la simplicité de l'astuce respire la complexité. En perpétuant les modèles économiques coloniaux, ces nations vont générer des stocks de devises qui seront perçus comme non alloués. Les intérêts ou les souhaits des communautés locales seront une fois de plus bafoués. Les élites comme les masses, des réflexions absolument puériles seront faites sur le bien-être commun. Par la suite, leurs élites formeront de nouvelles métropoles ; une nation dans une nation. L'idiotie inhérente à un environnement aussi horriblement pervers et pervers continue de faire proliférer des actes sociaux, commerciaux, industriels et politiques génocidaires. La RDC est la tête d'affiche de ce fléau.

Étant donné la motivation des regards coloniaux sur le développement social et économique d'une nation, ils ont une forte emprise sur leur état d'esprit, donner de l'argent et du pouvoir au gouvernement, c'est comme donner du whisky et des clés de voiture à des adolescents.

Quelques exemples de faire la bonne chose au lieu de bien faire les choses

La pauvreté est-elle créée par l'humain ? pendant la plus grande partie de l'histoire, l'homme était désespérément pauvre. La pauvreté est l'état naturel de l'humanité. En fait, ce qui est véritablement créé par l'homme, c'est la prospérité.

Pour simplifier, en mettant en œuvre des solutions ou des astuces modernes qui impliquent un meilleur accès au crédit pour les jeunes commerçants et entrepreneurs, plus de liberté, une mise à jour sur la qualité et l'orientation de l'éducation au XXIe siècle, et réduire la taille et réduire l'implication de l'État si pas dissoudre l'ensemble de la fonction publique, nous pouvons créer une prospérité qui profite à tout le monde et à chaque partie de notre pays. Mais la fabrication du remède est plus complexe que cela.

On peut prédire un autre gâchis et tout un tas de nouveaux scandales dans le placard de ce régime dus aux maigres finances du _Programme de développement local des 145 territoires (PDL)_ par rapport au réel besoin ajouté l'état d'esprit des pilotes. Leçon qu'il aurait fallu tirer des échecs les plus récents et les plus manifestes, les « 5 chantiers » des piliers de développement de Kabila et le programme d'urgence des 100 premiers jours de la présidence Tshisekedi, pour qu'un vaste programme national profite aux citoyens ordinaires, **il ne s'agit pas de ce qui est construit, mais plutôt de qui le construit.**

Accorder très rapidement sous forme de microcrédits n'excédant pas 10 000 dollars américains aux commerçants et entrepreneurs locaux aurait été le mode le moins décevant de sa mise en œuvre.

Une autre façon, si le président voulait être gravé en or dans les livres d'histoire, était d'utiliser le milliard $ pour organiser des élections locales longtemps ignorées mais très cruciales pour la refonte des idées et du leadership politique.

Qu'aurait-il fallu faire à la place de la gratuité de l'enseignement de base ? Programme de cantine scolaire qui oblige les écoles à s'approvisionner en produits et services localement. Les implications sur l'écosystème social et économique local devraient être claires pour tout commun des mortels.

Il convient de noter que la qualité importe plus que l'accès gratuit à l'éducation et aux soins de santé.

Concernant l'accès, les Congolais n'ont pas besoin d'être traités comme des bébés ; créer un écosystème où chacun peut se permettre une éducation et des soins de santé standard universels de manière louable est la solution.

En matière de soins de santé universels, de nouveaux régimes de retraite dignes devraient plutôt être l'obsession.

En analysant les enjeux de la structuration d'une retraite digne, plus que tout autre groupe, il doit y avoir une vie digne après avoir servi la nation dans l'armée. La nation a le devoir de réexaminer les motivations derrière l'engagement dans l'armée. Pour certains, le service militaire pourrait être une tradition familiale. Pour d'autres, ce devrait être un nouveau départ. Fondamentalement, l'enrôlement dans l'armée devrait être un moyen facultatif d'acquérir des compétences et de l'expérience pour gravir l'échelle économique et non un piège à vie. La nation devrait offrir un contrat aux personnes enrôlées et devrait s'engager, en plus de l'aide à la transition vers la vie civile, une aide à l'éducation sous forme de frais de scolarité et de scolarité et une allocation de logement mensuelle pour fréquenter un collège ou une université publique.

Par-dessus tout, il faut attacher les fonds perçus par le gouvernement central aux rémunérations versée à l'employé et non à autre chose. Ainsi, obliger l'Etat de prêter plus attention sur les trois critères de progrès social et développement économique : les salaires, la santé, et la qualité du système d'éducation.

Les egos divertissent le public ; les idées changent le monde

La vertu d'un État se définit par la qualité intellectuelle des personnes qui l'animent. La modernisation politique, sociale et surtout économique d'une nation exige que les compétences modernes individuelles soient réunies et enveloppées dans des pensées modernes et toutes liées par l'esprit moderne.

La démocratie est un marché d'idées pour améliorer le niveau de vie d'une circonscription ou d'une nation. Ainsi, le rôle d'un parti politique ou d'un acteur politique n'est pas d'acquérir/conquérir le pouvoir pour le plaisir ou pour la défense des intérêts d'une tribu ou d'une autorité morale. Il s'agit de mettre en œuvre / d'imposer ce qu'un groupe pense être la meilleure / la bonne façon d'améliorer la condition sociale et économique de sa circonscription ou de sa nation.

Ainsi, Si la méthode de sélection des élites religieuses, politiques et sociales congolaises reste la même, cela continuerait à réduire les perspectifs d'un formidable développement économique de la nation en cauchemar social permanent pour des millions d'autres en plus des millions qui sont déjà enchaînés dans le cycle de la pauvreté.

Le système semi-présidentiel est un autre de ces arrangements toxiques basés sur la myopie, une concession faite par des êtres émotionnels primitifs et des tueurs. Pire qu'un poste de premier ministre indûment coûteux et inutile, il a créé une porte tournante entre l'exécutif et le législatif qui a empoisonné la notion de freins et contrepoids entre les institutions. Cette porte doit être fermée et soudée.

La décentralisation de nos structures est essentielle. Mais la décentralisation s'est déjà révélée être un gâchis sans la volonté de localiser, c'est-à-dire de briser le cycle du parachutage ou de l'onction des êtres de Kinshasa qui finissent par tout ramener à l'ancien, un centre de commandement. Là encore, il ne faut pas confondre localiser avec *indigèneser* ou en un autre terme tribaliser dont le poison a une forte emprise sur nos aspirations.

Le gouvernement Adoula dans les années 1960 a expérimenté les provincettes. C'était un poison social, politique et surtout économique, comme c'est le cas aujourd'hui. Plutôt, nous devrions réduire le nombre de provinces, en manipulant intentionnellement les frontières provinciales et de district, afin de finalement désorienter l'instinct congolais primitif pour détruire l'animosité intertribale. En d'autres termes, nous ne devrions pas recourir aux mêmes lignes de base coloniales ou plats tribaux en craquant et en emballant les districts et les provinces.

Le droit moderne vise à rassurer les humains d'origines, de sensibilités et d'identifications différentes à vivre ensemble. Le processus de nomination d'une personne à la magistrature du tribunal, en particulier la plus haute cour, devrait être douloureusement atroce, et non au gré d'un individu. Quant aux partisans et bandits déjà en toge, ils doivent être déshabillés. Encore une fois, la constitution actuelle qui est un arrangement tueur-voleurs devrait être réécrite, aussi simple que cela.

Les ressources minérales congolaises peuvent être une bénédiction au lieu d'une malédiction pour eux

Encore une fois, le secteur minier n'est pas la clé de l'ascension économique de la RDC. C'est plutôt l'un des ingrédients qui peuvent aider à ouvrir l'esprit des Congolais, à désenclaver la RDC et à construire des écosystèmes propices aux booms économiques locaux.

Il existe des déductions fiscales dans la meilleure partie du monde pour l'intégration fiscale des entreprises et les incitations à la philanthropie par des propositions pour de telles coentreprises, qui pourrait être établis en RDC non pas entre l'État et les mineurs, mais plutôt entre les sociétés minières et les universités sur les questions de recherche et de bourses d'études. Que les compagnies minières accordent des bourses et aient des ponts de coopération avec nos universités.

Une autre formule serait d'exiger des sociétés minières qu'au lieu de creuser et de se précipiter pour faire passer le brut à travers la frontière, elles doivent le vendre à comptoirs ou entreprises enregistrés en

RDC en tant qu'exportateurs, même si c'est une de leurs filiales. Ce faisant, imposer une taxe de vente qui revient aux entités gouvernementales locales. Qui, à leur tour, pour la surveillance des dépenses, des règles, des réglementations et des délais peuvent être imposés à ces entités pour dépenser cet argent. Un exemple serait que 50 % des contrats doivent être attribués à des entreprises ou sociétés enregistrées localement. Un autre que les fonds doivent couvrir des programmes de cantine scolaire et autres domaines négligés tels que la musique et le sport. On pourrait aussi y injecter la construction d'infrastructures, de cadres de protection sociale, des prêts aux entrepreneurs et hommes d'affaires locaux, la construction d'un centre d'innovation, etc...

Par-dessus tout, obliger les acteurs miniers, grands et petits, à payer aux travailleurs domestiques le même taux de rémunération que dans le monde développé pour le même travail serait plus efficace pour stimuler les économies locales. C'est là la véritable clé de la création de richesse et de pouvoir d'achat locaux qui, à leur tour, sont des retombées d'activités économiques et d'opportunités entrepreneuriales qui généreraient des emplois supplémentaires mieux rémunérés.

L'avenir du monde s'écrira à travers la RDC, ainsi que la sienne, avec ou sans les Congolais ou leur permission

En matière d'économie, la nation a besoin de la bonne étiquette pour mettre l'état d'esprit de ses citoyens à l'intérieur et à l'extérieur de ses frontières sur la bonne voie. Nous devons cesser de nous inquiéter d'être perçus comme riches ou pauvres ou d'essayer de choisir l'insigne de pays en développement ou de pays développé. La RDC est purement une nation à faible revenu. Même après cela, il ne faut pas s'attendre à un miracle tant qu'on n'a pas perdu la mauvaise habitude de mettre la charrue avant les bœufs et de vouloir banaliser les fondamentaux du développement social et économique d'une nation.

Quand on se rend compte que la voiture ne démarre pas toujours, on s'empresse d'ouvrir le moteur, de changer les pneus, d'acheter des bougies d'occasion, de rajouter de l'essence souvent de mauvaise qualité ou de remplir le réservoir d'huile sans faire attention, ou tout simplement tous les voisins sont appelés à pousser la voiture, qui en profite pour sauter dedans tout en descendant la pente à grande vitesse sans contrôle. Et tout cela sans vérifier au préalable si la batterie est chargée.

Qu'est-ce qu'une batterie dans une économie ? les personnes. Quelle est la charge de la batterie ? leurs poches. C'est ainsi que le premier pas dans la bonne direction est de booster constamment le salaire minimum, de niveler non pas une seule pièce mais tout le rez-de-chaussée. Le mécanisme de revalorisation du salaire minimum interprofessionnel de croissance (smic) tout comme calculer les cotisations sociales doit prendre en compte les comparaisons les économies modernes, pertinentes et non pas la performance d'autre tiers-mondistes. Les conventions collectives de rémunération doivent être exprimées par heure non pas par jour. La vélocité modique de la monnaie fait preuve que l'économie primitive.

Servir une tasse de café aux États-Unis est le même qu'en RDC ; c'est juste une tasse de café. Alors ce qui justifie la vie de celui qui fabrique ce snack aux USA est bien meilleur que celui en RDC. Ici, il convient de souligner que le salaire minimum n'a rien à voir avec la production. C'est plutôt la valeur attachée ou la valeur imaginée de ceux qui accomplissent ce qui est considéré comme la tâche la plus moche qui se reflète dans leur récompense ou leur style de vie que la société juge qu'ils méritent.

Évaluer l'absurdité de l'élite congolaise est une tâche facile mais aussi une perte de temps. La tristesse des péchés mortels des héros nationaux qui accable continuellement la contre-élite n'est pas non plus une perte de temps. Déjà il faut sans cesse crier qu'on ne peut espérer permettre aux Congolais d'accéder et de jouir de la qualité de la vie moderne en faisant simplement appel aux "chevaliers blancs".

Depuis le règne diabolique de Mobutu, les universitaires congolais, les *profs*, n'ont jamais cessé d'être les gardiens incontestés du statu quo, de la misère nationale. Au lieu d'être des intellectuels de premier ordre, ce sont des experts qui vantent les mérites. Ils s'enracinent dans la préservation de l'illusion du savoir que les Congolais leur attribuent à tort, et dans la jouissance de l'illusion de l'opulence. Bien que certains théoriciens qui ont mis l'accent sur la primauté des droits civils et politiques commencent à considérer l'importance des facteurs économiques pour éclairer leur plumage, il y a encore un profond manque de visions idéologiques divergentes dans tous les espaces. Tous les universitaires s'appuient sur différentes hypothèses d'inclusivité concernant la démocratie et la représentation et emploient des méthodes néfastes pour améliorer la vie des citoyens ordinaires.

En RDC, il ne s'agit pas de trop de théories, comme certains s'en plaignent, mais plutôt d'excès d'hypothèses erronées et de mauvaises théories qui perpétuent le cauchemar socio-économique de la RDC.

A priori, les citoyens ordinaires doivent en finir avec le cirque dans lequel les sourds applaudissent les muets, ce qui incite les aveugles à leur faire des standing ovations qui durent des générations. Aujourd'hui, les discussions tournent essentiellement autour de la **consolidation démocratique et l'unité nationale**. Ainsi, les défis auxquels la nation est confrontée sont les processus électoraux supposés frauduleux, les menaces de coups d'État, les systèmes judiciaires biaisés, les crises économiques et la corruption dans l'exécution des politiques publiques.

La méconnaissance des fondamentaux de l'existence d'une société ou de la paix et de la croissance économique nationale, que sont un revenu trop faible, le manque de moyens de participation au XXIème siècle, et l'absence d'un écosystème qui supporte la mobilité et la créativité, un véritable défi, font que les débats nationaux et provinciaux se transforment toujours en dérision de l'humiliation quotidienne de millions de Congolais, en expression de l'élite de l'incompréhension.

La vraie solution ne viendra pas d'une forme d'opposition politique, surtout pas du populisme qui prend de plus en plus d'ampleur, et est même loin des charlatans qui vendent les élixirs de l'entrepreneuriat ou du leadership. Ce qui devrait plutôt intéresser les Congolais, particulièrement les jeunes (entre 15-24 ans), l'effervescence d'un courant idéologique contre-élitiste. Cette ligue rehausserait la qualité du dialogue national et chasserait du milieu universitaire et religieux et de l'intelligentsia tous ces impénitents perroquets et d'idéaux sociaux, des politiques et surtout économiques démodés à la retraite et étrangleraient à mort les hypothèses et les méthodes coloniales.

Les Congolais à l'intérieur et à l'extérieur du pays doivent faire de la période de présélection politique, déjà des mois sinon un an d'avance sur les théâtres et tambourins des campagnes électorales à tous les niveaux, une croisade pour affiner la qualité de notre dialogue et nos inspirations ainsi que nos aspirations. C'est le seul moyen de faire d'une démocratie un véritable marché d'idées au lieu d'une autre compétition entre clowns et nains intellectuels.

Après tout, être congolais est une **expérience**, pas une malédiction. Le plus crucial est d'une manière ou d'une autre encourager notre état de conscience nationale à s'éloigner des conquêtes, des violentes, des droits primitifs pour entamer un cadrage de nos dialogues sur les besoins universels contemporains. La beauté tout comme un charme étant une expérience, il est question d'être charmant avec soi-même, beau pour soi avant de l'être aux les autres, pour les autres. **Sí, se puede**.

www.ingramcontent.com/pod-product-compliance
Lightning Source LLC
Chambersburg PA
CBHW072139270326
41931CB00010B/1818